Johannes Bollmann

Die Lehre von der Ebenbürtigkeit in deutschen Fürstenhäusern

Johannes Bollmann

Die Lehre von der Ebenbürtigkeit in deutschen Fürstenhäusern

ISBN/EAN: 9783743673991

Hergestellt in Europa, USA, Kanada, Australien, Japan

Cover: Foto ©ninafisch / pixelio.de

Weitere Bücher finden Sie auf **www.hansebooks.com**

Die Lehre von der Ebenbürtigkeit in deutschen Fürstenhäusern bei Joh. Stephan Pütter und Joh. Jakob Moser und ihre Bedeutung für das heutige Recht.

(Vgl. das Erkenntniss des Reichsgerichts vom 5. Dec. 1893. Entscheidungen des Reichsgerichts in Civilsachen Bd. 32 Nr. 38).

Von

Johannes Bollmann
aus Bremen.

Motto:
Noblesse oblige.

Eine von der juristischen Facultät der Universität Göttingen
gekrönte Preisschrift.

Göttingen 1897.
Druck der Dieterich'schen Univ.-Buchdruckerei (W. Fr. Kaestner).

Urteil der Facultät.

Die Schrift mit dem Motto: noblesse oblige hält sich noch zu lange bei der Geschichte der Ebenbürtigkeit vor dem 18. Jahrhundert auf, anstatt ihren Schwerpunkt in der Darstellung der Wirkungen dessen, was Moser und Pütter lehrten, auf die nachfolgende Wissenschaft und Praxis zu suchen. Aber sie ist — im Gegensatz zu einer eingelaufenen Concurrenzschrift — eine fertige wissenschaftliche Abhandlung, gut geschrieben und übersichtlich geordnet, über das gestellte Thema. Der Verfasser besitzt das Geschick, den reichen Stoff zusammenzufassen und weiss mit guter historischer und politischer Bildung Kritik zu üben, auch an den Ansichten, denen er sich wie die Mehrzahl der neuern Schriftsteller anschliesst. Die ganze Arbeit macht einen befriedigenden, gereiften Eindruck, sodass die Facultät beschlossen hat, ihr den Preis zuzuerkennen.

Die vorliegende Preisschrift gilt zugleich als Dissertation zur Erlangung der juristischen Doctorwürde.

Inhaltsübersicht.

Seite

Einleitung 1

§ 1. I. Uebersicht über die Entwicklung der Ebenbürtigkeitslehre
bis auf J. J. Moser und J. St. Pütter 2

II. Die Lehre von der Ebenbürtigkeit bei J. J. Moser.

§ 2. Allgemeines. 7
§ 3. Begriff des hohen Adels 8
§ 4. Die einzelnen Fälle der Missheiraten. 9
§ 5. Einfluss einer kaiserlichen Standeserhöhung 17
§ 6. Hausgesetzliche Bestimmungen über Missheiraten 19
§ 7. Folgen einer Missheirat; morganatische Ehen 20
§ 8. Ueberblick 22

III. Die Lehre von der Ebenbürtigkeit bei J. St. Pütter.

§ 9. Allgemeines 23
§ 10. Entwicklung der Geburtsstände und Begriff des hohen Adels . 24
§ 11. Entwicklung der Grundsätze über Missheiraten. 27
§ 12. Erhaltung des strengen Ebenbürtigkeitsprincipes 30
§ 13. Andere Gründe Pütter's für seine Ansicht 33
§ 14. Wirkung einer Standeserhöhung und Heilung der Missheiraten . 35
§ 15. Hausgesetzliche Bestimmungen 37
§ 16. Folgen der Missheirat; Tendenz Pütter's 38
§ 17. Rückblick auf die Ebenbürtigkeitsfrage im vorigen Jahrhundert . 39

IV. Einwirkung der Ereignisse im Anfang dieses Jahrhunderts
auf die Ebenbürtigkeitslehre.

§ 18. I. Die Rheinbundszeit. 43
II. Die Bestimmungen des Artikels 14 der deutschen Bundesakte . 47
§ 19. Der hohe Adel nach Art. 14 47
§ 20. Das „Recht der Ebenbürtigkeit" nach Art. 14 52

V. Die Bedeutung der Lehre von der Ebenbürtigkeit für das heutige Recht.

§ 21. Die Stellung der regierenden und mediatisierten Häuser des hohen Adels zu einander 54
§ 22. Feststellung der Ebenbürtigkeitsfrage 57
§ 23. Die Ehen mit bürgerlichen Personen 58
§ 24. Die Ehen mit Personen von niederem Adel 58
§ 25. Begriff des Ebenbürtigkeitsprinzips im heutigen Recht 66
§ 26. Hausgesetzliche Bestimmungen und Hausobservanz 68
§ 27. Die Folgen der Missheiraten und ihre Heilung 70
§ 28. Schluss 74

Es liegt eine eigenartige Tragik darin, dass im vorigen Jahrhundert, als sich das deutsche Reich schon seinem Zerfall nüherte und auch die unhaltbaren Zustände der Territorien zu einer Umgestaltung drängten, die Wissenschaft des deutschen Staatsrechts in hoher Blüte stand. Sie bildete einen Glanzpunkt der Universitäten; ausgezeichnete Gelehrte machten sich mit grossem Fleiss und Scharfsinn daran, die verwirrten öffentlichen Rechtszustände in Deutschland zu durchforschen und in ein System zu bringen. Aber ihre Arbeit hat nicht den Nutzen gehabt, den sie unter andern Verhältnissen gehabt haben würde. Die Form des alten Reichs zerfiel bald vollends; die staatsrechtlichen Verhältnisse änderten sich total und die Werke jener grossen Publicisten hatten bald fast nur noch historischen Wert. Nur wenige Materien, die sie behandelten, haben den allgemeinen Zusammensturz überstanden und haben auch heute noch praktische Bedeutung. Zu diesen gehört vor allem das fürstliche Familienrecht und speziell die Lehre von der Ebenbürtigkeit. Alle Schriften, welche diese Lehre in unserem Jahrhundert einigermassen eingehend behandelt haben, zehren von dem, was J. J. Moser und J. St. Pütter auf diesem Gebiet geleistet haben. Die Lehre von der Ebenbürtigkeit gehört noch immer zu den bestrittensten Materien auf dem ganzen Rechtsgebiet; auch schon aus dem Grunde, dass die genannten beiden litterarischen Hauptvertreter über wichtige Fragen des Gebiets verschiedener Meinung sind. Da über die Stellung, welche Moser und Pütter zu den Fragen einnehmen, manches Unrichtige verbreitet ist, ist es um so wichtiger, sich ein klares Bild von ihren Ansichten zu verschaffen, um von da aus einen Ueberblick zu gewinnen über die Bedeutung der Lehre von der Ebenbürtigkeit für das heutige Recht. Zum besseren Verständnis wird es zweckdienlich sein, zunächst die Entwicklung der Lehre in der älteren

Litteratur und die hauptsächlichsten Streitfragen, welche sich im vorigen Jahrhundert daran knüpften, kurz darzulegen.

§ 1.
I. Uebersicht über die Entwicklung der Ebenbürtigkeitslehre bis auf J. J. Moser und J. St. Pütter.

Ebenbürtig sein bedeutete im Mittelalter gleichen Geburtsstand haben; das Ebenbürtigkeitsprincip ging dahin, dass gewisse Rechtsbeziehungen Gleichheit des Geburtsstandes zur Voraussetzung hatten. Während dieses Princip anfangs für alle Stände galt und sowohl im Prozess- wie im Privatrecht von Wirksamkeit war, beschränkte sich seine Geltung mehr und mehr, indem es einerseits zu einem Sonderrecht des hohen Adels wurde, andererseits aus dem Prozessrecht verschwand und nur für das Familien- und Erbrecht Geltung behielt. Die juristischen Schriftsteller, welche sich zuerst mit der Lehre von der Ebenbürtigkeit befassten, behandelten sie, soweit sie für das Recht ihrer Zeit in Betracht kam; das war eben im Familienrecht des hohen Adels: die Lehre von der Ebenbürtigkeit tritt uns als eine Lehre von den Missheiraten entgegen. Als solche gab sie schon früh zu Streitigkeiten und Rechtsfragen Anlass. Fälle, in denen fürstliche Herren sich mit niedriger gestellten Damen verheirateten und Rechtsstreitigkeiten entstanden, werden seit der Zeit Rudolfs von Habsburg [1]) berichtet und spielen in der späteren Litteratur eine grosse Rolle. Alle Schriftsteller bemühen sich, dergleichen Fälle als Beweise für die Richtigkeit ihrer Ansichten anzuführen und es muss nur Misstrauen erregen, wenn sogar Fälle, über die wir noch am Besten unterrichtet sind, wie die Ehe des Erzherzogs Ferdinand von Oesterreich mit Philippine Welser, von Gelehrten, die im Allgemeinen einen entgegengesetzten Standpunkt vertreten[2]), für ihre Ansicht angeführt werden. Eine eigentliche Litteratur über die Ebenbürtigkeit entwickelte sich seit dem 16. Jahrhundert. Aber diese älteren Schriftsteller[3]) kamen fast durchweg zu ne-

---

1) Die Ehe des Markgrafen Heinrich des Erlauchten von Meissen mit Elisabeth v. Maltitz und eines Herrn von Hanau mit Adelheid von Münzenberg. Beide suchten bei Rudolf um eine Standeserhöhung ihrer Gemahlin nach. Vgl. die Urkunden bei Kraut, Grundriss § 41 n. 34, 35.

2) Pütter, Ueber Missheiraten deutscher Fürsten und Grafen S. 103 ff.; Zoepfl, Ueber Missheiraten in den regierenden Fürstenhäusern S. 50 ff.

3) Besonders Fr. Pfeil (consilia juris, 1600); N. Myler v. Ehrenbach (gamologia personarum imperii illustrium, 1664) und die Gutachten der Tübinger und

gativen Ergebnissen und behaupteten, dass es rechtlich unvollkommene Ehen unter freien Personen überhaupt nicht gäbe. Ihre Gründe entnehmen sie dem Naturrecht (cum jure naturae omnes homines aequales sint), der Bibel („Sind wir Kinder, so sind wir auch Erben" Römer 8, 17) und besonders dem römischen (z. B. 1.8 D. de senatoribus 1, 9; l. 10 C. de nuptiis 5, 4) und kanonischen (C. 32 qu. 4 c. 2 § 2) Recht. Einige Schriftsteller führen auch deutsche Rechtssprichwörter wie „Rittersweib hat Rittersrecht" und „Ein ehlich Kind behält seines Vaters Heerschild" für ihre Ansicht an. Es war kaum eine Uebertreibung, wenn die Tübinger Facultät in einem Gutachten von 1629[1]), in welchem sie erklärte „qui natus est ex patre principe, comite, nobili matre vel plebeja, potitur eadem patris dignitate, privilegiis et succedendi jure", sich dabei auf den communis consensus interpretum juris berief. Der Scharfsinn und die Ausführlichkeit, mit welcher diese Ansichten immer wieder begründet werden, verrät aber schon, dass in den Kreisen des hohen Adels der Widerstand gegen solche Ideen lebendig blieb. Erst um die Mitte des 17. Jahrhunderts trat auch in der Litteratur ein wesentlicher Umschlag ein, indem man gegenüber dem fremden Recht mehr Gewicht auf die alten deutschen Gewohnheiten zu legen begann. Während die alte Ansicht noch von einigen[2]) auch im 18. Jahrhundert festgehalten wurde, erkannte die Mehrzahl der juristischen Schriftsteller schon im Beginn des 18. Jahrhunderts die Geltung des Ebenbürtigkeitsprincips im Allgemeinen an, sodass sie die Ehe eines Hochadligen mit einer bürgerlichen Person für eine Missheirat erklärten; aber jetzt wurde vor allem darüber gestritten, ob auch die Ehen zwischen Personen von hohem und niederem Adel Missheiraten seien. Zur Zeit Pütter's und Moser's finden wir mit manchen Abweichungen im Einzelnen drei Hauptmeinungen in der Litteratur vertreten: die einen[3]) erkannten Missheiraten im Rechtssinn zwischen freien Personen überhaupt nicht an; die andern betrachteten zwar die Ehen der Erlauchten mit bürgerlichen Personen als Missheiraten, wollten dieses aber von den Verbindungen

---

Helmstädter Juristenfacultät von 1629 und 1698 bei Moser, teutsches Staatsrecht XIX S. 314 ff. und 265 ff. Eine Uebersicht über diese Litteratur giebt auch Pütter a. a. O. S. 487 ff.

1) Abgedruckt bei Göhrum, Geschichtliche Darstellung der Lehre von der Ebenbürtigkeit II 249 ff.
2) So S. Stryck (usus modernus 1717); v. Leyser (meditationes ad pandectas) vgl. Göhrum a. a. O. II 255 f.
3) Vor allem G. L. Boehmer, diss. de impari matrimonio. Göttingen 1755.

derselben mit Adligen nicht gelten lassen¹), während die dritten nur die Ehen von hochadligen Personen unter einander als vollwirksam ansahen ²).

Den ungünstigen Strömungen in der Litteratur und Rechtsprechung gegenüber suchten sich die hochadligen Familien dadurch zu schützen, dass sie in Hausgesetzen und Familienverträgen ³) Bestimmungen über die Ehen ihrer Mitglieder trafen. Vollkommene Sicherheit gegen das Eindringen fremder Elemente konnten auch diese nicht gewähren; vor allem weil der Kaiser durch Standeserhöhungen die Standesunterschiede künstlich ausgleichen und so eine Umgehung jener Bestimmungen ermöglichen konnte. Um derartige Eingriffe des Kaisers zu verhindern, wurde schon in die Wahlcapitulation von Leopold I. von 1658 die Bestimmung aufgenommen: art. 44: „Wollen auch zu Präjuditz oder Schmälerung einiges alten Hauses oder Geschlechts desselben Dignität, Stands und üblichen Tituls keinen, wer der auch seye, mit neuen Prädikaten, höhern Titulu oder Wapen-Briefen begeben" ⁴). Aber diese Bestimmung erwies sich als nicht genügend. Es war vor allem ein Fall, der den Fürsten Anlass gab, eine genauere Fixierung ihrer Ansprüche zu verlangen. Dieser wurde für die Folgezeit so wichtig, dass es nötig ist, ihn etwas eingehender zu behandeln. Herzog Anton Ulrich von Sachsen-Meiningen hatte sich 1711 mit einer Frau⁵) bürgerlichen Standes heimlich in Holland vermählt und Söhne mit ihr erzeugt. Ungeachtet eines durch die Brüder des Herzogs 1723 vom Reichshofrat erwirkten Rescripts⁶), welches dem Herzog Anton Ulrich verbot, „seine aus unanständi-

---

1) So L. von Manusbach, de matrimonio principis etc. 1740; Chr. v. Selchow, diss. de matrimonio, 1755 und andere cf. Göhrum a. a. O. S. 291 ff.
2) J. P. v. Ludewig, diss. de differentia juris Rom. et Germ. de dignitate uxoris 1716; J. G. Estor, de odio in matrimonia inaequalia 1740 (2. Aufl. 1750). cf. Göhrum a. a. O. II S. 299 ff.
3) Z. B. die Württembergischen Hausverträge von 1489 und 1617 bei Kraut § 41 n. 39 u. 40.
4) Kraut, Grundriss § 41 n. 41.
5) Philippine Elisabeth, Tochter des Hauptmanns David Cäsar aus Cassel. Ueber den Namen der Frau sind noch immer unrichtige Angaben in Umlauf. Pütter, der schon einmal das Richtige wusste, hat sich selbst auf Grund irreführender Mittheilungen „von hoher Hand" berichtigt (Missheiraten S. 235). Der Name Schurmann gebührt nur der ältern Schwester der Philippine Elisabeth, die seit 1706 mit dem meiningischen Kapellmeister Schurmann (Schürmann) verheiratet war. H. Schulze, Hausgesetze III 87 und Brückner in der Allg. deutschen Biogr. I 494.
6) Pütter, Missheiraten S. 244; Moser a. a. O. S. 48 f.

ger Ehe erzeugte Kinder in die Meiningischen Länder zu bringen, — — oder doch des fürstlichen Titels und Benennung für dieselben und ihre Mutter" daselbst sich zu bedienen, erlangte Herzog Anton Ulrich im Jahre 1727 vom Kaiser eine Standeserhöhung[1]) für seine Gemahlin und Kinder, in der unter anderem die letzteren „für rechtgebohren, aus voller und beiderseits gleichbürtiger Abkunft herstammende Fürsten und Fürstinnen — — mit aller Lehns- und Erbfolgsgerechtigkeit und Fähigkeit" — — erklärt wurden. Gegen dieses Privileg protestierten die sächsischen Fürsten und erreichten unter Mitwirkung des Königs von Preussen[2]) so viel, dass Kaiser Karl VI. erklärte, er habe durch sein Diplom nur der Gemahlin des Herzogs Anton Ulrich den Fürstenstand angedeihen lassen[3]). Als dann Karl VI. starb, ohne dass die Sache beigelegt wäre, bot die Wahlcapitulation des neuen Kaisers den Fürsten eine willkommene Gelegenheit, den anstössigen Fall zu ihren Gunsten zu wenden und für die Zukunft ähnlichen Eingriffen des Kaisers vorzubeugen. Nachdem Vorberatungen der altfürstlichen Gesandten zu Offenbach darüber statt gefunden hatten[4]), gelangte auf Vorschlag von Chursachsen folgender Passus[5]) zur Aufnahme in die Wahlcapitulation von 1742 art. 22 § 4: „Noch (wollen wir) auch denen aus ohnstrittig notorischer Missheirat erzeugten Kindern eines Standes des Reichs oder aus solchem Hause entsprossenen Herrns, zur Verkleinerung des Hauses, die väterlichen Titul, Ehren und Würden beilegen, vielweniger dieselben zum Nachteil der wahren Erbfolger und ohne deren besondere Einwilligung für ebenbürtig und successionsfähig erklären, auch, wo dergleichen bereits geschehen, solches für null und nichtig ansehen". Zugleich erging ein churfürstliches Collegialschreiben[6]) an den Kaiser, in welchem dieser ersucht wurde, einen Reichsschluss darüber zu befördern, was unter notorischer Missheirat zu verstehen sei. Dieser Reichsschluss kam nie zu Stande, obgleich eine Zusage des Kaisers, einen entsprechenden Reichsschluss bald möglichst zu befördern, in die letzte Wahlcapitulation von 1792 Aufnahme fand[7]). Die oben wiedergegebene

---

1) Pütter a. a. O. S. 247; Moser, t. Staatsrecht XIX S. 50 f.
2) Der Brief desselben an den Kaiser bei Moser a. a. O. S. 55 f.
3) Pütter a. a. O. S. 248.
4) Moser, t. Staatsrecht XIX S. 237 f.
5) Ueber die Verhandlungen darüber Moser a. a. O. S. 238 ff. Pütter, Missheiraten S. 277 ff.
6) Abgedruckt bei Moser, a. a. O. S. 241.
7) Kraut § 41 n. 44.

Bestimmung des art. 22 § 4 der Wahlcapitulation K. Karl VII. wiederholte sich bei den folgenden Kaiserwahlen, nur wurde bei Leopold II. im Jahre 1790 noch der Zusatz hinter „notorischer Missheirat" aufgenommen „oder einer gleich anfangs eingegangenen morganatischen Ehe".

Inzwischen entwickelte sich ein heftiger Streit darüber, was man unter einer notorischen Missheirat zu verstehen habe. Ganz fehlte es nicht an einer Interpretation. Herzog Anton Ulrich von Sachsen-Meiningen wurde 1744 mit einer Klage über die Nichteinhaltung des kaiserlichen Diploms von 1727 vom Reichshofrat abgewiesen mit der Begründung[1]), dass dieser Fall durch die Wahlcapitulation schon für entschieden anzunehmen sei. Auf den von Herzog Anton Ulrich dagegen ergriffenen Recurs an den Reichstag kam am 4. Sept. 1747 ein Reichsschluss dahin zu Stande, dass der Herzog zur Ruhe zu weisen sei; seine Ehe wurde darin als eine bekannte Missheirat bezeichnet[2]). Wenn man darnach die Ehe von hochadligen mit bürgerlichen Personen auch als Missheirat gelten liess, so war der Streit darüber um so heftiger, ob sich die Wahlcapitulation auch auf die Verbindungen hochadliger Personen mit solchen von niederem Adel beziehen könne. Dem Kaiser musste alles daran liegen, einer solchen weiteren Auslegung entgegenzutreten. Sein Recht der Standeserhöhung, sein exclusives Reservatrecht, den niedern Adel zu verleihen, würden dadurch in ihren Wirkungen aufs erheblichste eingeschränkt sein. Zudem lag es in seinem eigensten Interesse, für den niedern Adel, der in Oesterreich und am Hof seine Hauptstütze bildete, einzutreten. Eine solche Standesungleichheit desselben gegenüber dem hohen Adel durfte er nicht anerkennen. Seit der Aufnahme jener Bestimmung in die Wahlcapitulation ging die Praxis am kaiserlichen Hofe sogar dahin, hausgesetzlichen Festsetzungen über Missheiraten die kaiserliche Bestätigung zu versagen[3]), indem der Kaiser sich dieserhalb begebenden Falls die Cognition vorbehalten wolle. Um die kaiserliche Macht auch hierin zu beschränken, wollten die Fürsten in der Wahlcapitulation von 1790 den Kaiser verpflichten, die ihm vorgelegten Hausgesetze vorbehaltlos zu bestätigen[4]). Doch drangen sie hiermit nicht durch, weil die geist-

---

1) Moser a. a. O. S. 72—74; Schulze, Hausgesetze III 38.
2) Klüber, Abhandlungen und Beobachtungen I S. 264.
3) So in den Primogeniturordnungen von Fürstenberg (1755); Oettingen-Wallerstein (1766); Nassau-Saarbrücken (1769); Löwenstein-Wertheim (1770); vgl. Pütter, Missheiraten S. 304 ff.
4) Pütter a. a. O. S. 474.

lichen Churfürsten, die selbst meist dem niederen Adel entstammten, in dem Streit auf der Seite des Kaisers standen. Die Ebenbürtigkeitsfrage war also seit der Mitte des vorigen Jahrhunderts in jeder Beziehung eine lebhaft erörterte und gab daher auch den beiden bedeutendsten Publicisten jener Zeit, J. J. Moser und J. St. Pütter Veranlassung, ihre Ansicht darüber ausführlich zu entwickeln.

Zu deren Prüfung wird es am Besten sein, zunächst der Untersuchung eines jeden einzeln zu folgen. Dabei soll Moser vorangehen, weil er nicht nur an Jahren älter war, sondern in manchen Beziehungen auch in unserer Lehre einen ältern Standpunkt vertritt.

II. Die Ebenbürtigkeitslehre bei J. J. Moser.

§ 2. Allgemeines.

Pütter hat sich in seiner „Litteratur des deutschen Staatsrechts"[1]) über Moser's litterarische Thätigkeit dahin ausgesprochen, dass man bei dem Reichtum an Materialien in Moser's Schriften kaum eine gründliche Durcharbeitung erwarten könne, „wie vielleicht mit etwas mehr philosophischer, historischer und juristischer Kenntnis möglich gewesen wäre". Moser selbst bemerkt hiezu[2]): „Das Wort „vielleicht" hätte sollen wegbleiben und ich würde es Herrn Pütter sehr verargen, wenn er diese Stelle weggelassen hätte, mit welcher ich ganz einverstanden bin". Das Urteil Pütter's ist ebenso treffend, wie die Antwort für den ehrlichen Moser charakteristisch ist. Auch über die Ebenbürtigkeit dürfen wir bei ihm keine historische oder streng juristische Abhandlung suchen. Er schöpfte den Stoff für seine Schriften aus dem Leben und schrieb für das Leben. Daher behandelte er auch die Lehre von der Ebenbürtigkeit nur, soweit sie noch praktische Bedeutung hatte, und das war eben bei den Missheiraten des hohen Adels der Fall. Der Gedanke, dass das Ebenbürtigkeitsprinzip ursprünglich noch eine weitere Bedeutung hatte, eine Untersuchung über die historische Entwicklung und vor allem über den Unterschied der Geburtsstände, findet sich bei ihm kaum. Dagegen hat er eine Menge von schätzbarem Material gesammelt; er bringt alle Fälle bekannter Missheiraten mit langen Excerpten aus Akten

---

1) Bd. I § 234 S. 416.
2) Lebensgeschichte, von ihm selbst beschrieben, Th. III S. 88.

und Familienurkunden, ausserdem eine Reihe von Auszügen aus älteren Schriften über Missheiraten. Aber die alphabetische Aneinanderreihung dieses Materials giebt dem Ganzen den Charakter eines Sammelwerks und zeigt wieder, dass es Moser auf eine Darstellung der historischen Entwicklung nicht ankam. Die eignen Ausführungen Moser's nehmen nur einen verhältnissmässig kleinen Raum daneben ein. Er behandelt unsere Lehre in dem 19. Teile seines deutschen Staatsrechts [1]), „darinn von dem Herkommen in denen Häusern derer weltlichen Reichsstände in Ansehung ihrer Vermählungen" die Rede ist, sowie im zweiten Teil seines Familienstaatsrechts [2]) „derer Teutschen Reichsstände" vom Jahr 1775.

§ 3. Begriff des hohen Adels bei Moser.

Vor allem wird es nötig sein, klarzustellen, was Moser unter hohem und niederem Adel versteht. In seinem Werk [3]) über die deutschen Reichsstände S. 1264 sagt er: „Unser hoher Adel besteht aus dem Kayser, denen Churfürsten, Grafen, Herrn und Freyherrn [4])" und führt dann fort, dass zwar anfangs jeder Fürst und Graf seine Herrschaft gehabt habe, dass es jetzt aber hundert Personalisten gegen einen Realisten gäbe; „indessen bleibet der Unterschied zwischen dem hohen und niedern Adel nach wie vor". Aus dieser und ähnlichen Aeusserungen [5]) geht hervor, dass Moser den Unterschied zwischen dem hohen und niederen Adel allein im Titel sah. Diese Auffassung war in der älteren Litteratur die herrschende [6]) und insofern berechtigt, als ursprünglich mit jenen höheren Titeln auch eine grössere Macht verbunden war. Seitdem es aber infolge der Standeserhöhungen eine Menge Fürsten und Grafen gab, welche sich weder durch eine unmittelbare Herrschaft noch den Besitz der Reichsstandschaft auszeichneten, war

---

1) Vom Jahre 1745.
2) Neues Teutsches Staatsrecht, Teil XII.
3) Von denen Teutschen Reichsständen, der Reichsritterschaft, auch den übrigen unmittelbaren Reichsgliedern. N. Teutsches Staatsrecht, Teil IV, 1767.
4) Inbezug auf die Freiherrn scheint Moser zu schwanken; so sagt er „Von den kaiserlichen Regierungsrechten" (1772) S. 427: „Die edlen Herren hatten ehedessen viel zu bedeuten und es war ein Grafenmässiger Charakter; seit wenigen Jahren aber kommt er sehr herunter, ist nun die höchste Stufe des niederen Adels".
5) Von den teutschen Reichsständen S. 1265; Familienstaatsrecht II S. 152: „dass eben auch die Barones diplomatici nunmehro (zumalen an dem kaiserlichen Hof) mit zum hohen Adel gerechnet werden".
6) cf. Göhrum, a. a. O. II S. 101 ff.

der höhere Titel nur noch ein rein äusserliches Unterscheidungsmittel. Der Teil des Adels, der thatsächlich eine hervorragende Stellung einnahm, war der reichsständische. Auf ihn bezogen sich die Privilegien in den Wahlcapitulationen und Reichsgesetzen, welche auch die Reichsstände ausdrücklich dem Adel gegenüberstellten¹). Seit der Mitte des 18. Jahrhunderts²) gewann auch in der publicistischen Litteratur die Ansicht, welche den hohen Adel mit dem reichsständischen identificirte, immer mehr Gewicht. Doch am kaiserlichen Hofe suchte man die Unterscheidung nach Titeln festzuhalten³). Grade dadurch mochte vielleicht auch Moser, der sich als junger Mann wiederholt längere Zeit in Wien aufhielt und von dort sicher lebhafte Eindrücke mitnahm, veranlasst sein, den alten Standpunkt festzuhalten⁴); Reflexionen über die Berechtigung desselben hat er gewiss nicht angestellt. Mag man im Allgemeinen den Begriff des hohen Adels nehmen, wie man will, soll das Ebenbürtigkeitsprincip auf ihn bezogen werden, so kann man darunter nur den meist uralten, streng abgeschlossenen reichsständischen Adel verstehen, der vor allem durch kaiserliche Standeserhöhung nicht willkürlich verliehen werden konnte. Den Vorzug der reichsständischen Fürsten und Grafen vor den anderen, die nur den Titel hatten, erkannte natürlich Moser sehr wohl an. Auch handelt er grade, soweit es für uns in Betracht kommt, nur von den Missheiraten der Reichsstände, wie sich ja auch der Art. 22 § 4 der Wahlcapitulation von 1742⁵) nur auf diese bezog; aber man muss festhalten, dass er auch in Bezug auf die Missheiraten die Titularfürsten und -grafen als mit den reichsständischen gleichstehend dem niederen Adel gegenüberstellt⁶).

§ 4. Die einzelnen Fälle der Missheiraten.

Die Untersuchung, welche Moser im zweiten Teil seines Familienstaatsrechts⁷) den standes- und unstandesmässigen Ehen

---

1) R. A. von 1542 § 55: Hohe Standespersonen gegenüber denen vom Adel.
2) Göhrum a. a. O. II S. 126 ff.
3) Heffter, die Sonderrechte der souveränen und der mediatisierten vormals reichsständischen Häuser Deutschlands § 5 S. 7.
4) Doch finden sich auch bei Moser Anklänge an eine andere Anschauung; so spricht er (Von den deutschen Reichsständen S. 913 Anm. 5) von einem „hohen Reichs-Adel (welchen die alte Reichs-Grafen beschliessen)".
5) Oben S. 5.
6) Familienstaatsrecht II (1775) S. 152 (oben S. 8 Anm. 5).
7) Daselbst S. 123—174 § 52—70.

widmet, ist grösstenteils eine wörtliche Wiederholung dessen, was er bereits im 19. Teil seines deutschen Staatsrechts¹) von 1745 ausgeführt hat. Hier wie dort stellt Moser zunächst die Methode seiner Untersuchung fest. Er will nichts von denen wissen, welche in dieser Materie das göttliche, natürliche, römische oder canonische Recht anwenden wollen; aber ebenso wendet er sich gegen diejenigen, welche „mit alten Gesetzen von der Merovinger und Carolinger Zeiten, und mit dem Sachsen- und Schwaben-Spiegel angestochen" ²) kommen, vor allem aus dem Grunde, weil „es seltsam wäre, sich auf diese alte verlegene Waar beruffen zu wollen, wenn ein neues sicheres Herkommen vorhanden ist". Also auch hier will er vorgehen, wie es überall seine Art ist: er bringt Beispiele und leitet aus ihnen die Rechtsnormen ab. „Und was ist das Herkommen anders, als, wo Exempel vorhanden sind, und wie kann man das Herkommen erweisen als durch Exempel" ³)?

Ausgehend⁴) von dem art. 22 § 4 der Wahlcapitulation, bezeichnet er als die dort vorgesehenen unstreitig notorischen Missheiraten: 1) die Ehe eines Reichsstandes mit einer bürgerlichen Person und 2) die kraft eines Familien- oder anderen Vertrages unstreitig unerlaubten. Von diesen notorischen Missheiraten sieht er dann ab und wendet seine Untersuchung den bestrittenen Fällen zu. Die Ehen der Personen, welche nach ihm zum hohen Adel gehören, also der Churfürsten, Fürsten, Grafen und Freiherrn, mit Damen, die ebenfalls einen dieser hohen Titel führen, bezeichnet er im Allgemeinen als standesmässige, was um so beachtenswerter ist, als es hierbei eben nur auf den Titel ankommt. Allerdings kann auch er für die Ehe eines Fürsten mit einer ganz neuen Gräfin, deren Ahnen Bürgerliche waren, einen leisen Zweifel nicht unterdrücken, doch beruhigt er sich damit, „dass der schon vor der Ehe gehabte Grafen-Titul eine Salvegarde vor die Ahnen-Inquisition seye ⁵)". Diesen Grund würde er analog auch für die Standesmässigkeit der Ehe eines Fürsten mit einer neuen Freiin anführen können, doch verlangt er für eine solche den Nachweis von vier Ahnen von väterlicher und mütterlicher Seite. Dieses Er-

---

1) S. 318—369 § 126—180.
2) Familienstaatsrecht II S. 124.
3) a. a. O. S. 129.
4) Auch hier ist wie bei Moser zunächst nur von dem wichtigeren Fall der Ehe eines Herrn vom hohen Adel mit einer Dame niederen Standes die Rede. Ueber das umgekehrte Verhältnis siehe unten S. 16 f.
5) Familienstaatsrecht II S. 135 f.

fordernis hängt zusammen mit seiner Ansicht von der Standesmässigkeit der Ehe eines Fürsten mit einer Dame von niederem Adel, die er zum Hauptgegenstand seiner Abhandlung macht. Seine leitenden Gesichtspunkte dabei sind, dass allerdings früher die Ehe eines Fürsten mit einer Dame von niederem Adel eine Missheirat gewesen sei, dass sich aber ein neues Reichsherkommen gebildet habe, kraft dessen die Ehen von Fürsten mit Damen von niederem Adel, die mindestens vier Ahnen aufweisen könnten, standesmässige wären. Auf den Nachweis dieses neuen Herkommens legt Moser das Hauptgewicht; und zwar gründet er es auf sieben Fälle. Da seine ganze Theorie darauf beruht, wird es nötig sein, auf dieselben etwas näher einzugehen.

Den ersten bildet die Ehe des Herzogs Wilhelm III von Sachsen-Weimar mit Catharina von Brandenstein, 1463[1]). Allerdings war letztere von niederem Adel und wurde ohne Standeserhöhung vom Kaiser und den Agnaten als ebenbürtige Gemahlin des Herzogs angesehen. Doch mochten die Agnaten dazu durch besondere Gründe veranlasst sein, vor allem dadurch, dass eine kinderlose Ehe zu erwarten stand[?]).

2) Die Ehe des Herzogs Otto von Braunschweig-Lüneburg mit Metta (Mechtilde) von Campen, 1524[3]). Hier wird berichtet, dass der Herzog wegen der Ehe mit dieser Dame, welche auch dem niederen Adel angehörte, einen Vertrag mit seinen Brüdern schloss. In diesem wurde die von Campen als seine „liebe Vertraute" bezeichnet; auch verzichtete der Herzog darin für seine Nachkommen aus dieser Ehe auf die Succession in das Fürstentum Lüneburg, ausser für den Fall des Erlöschens der anderen Linien. Sein Sohn, Otto der jüngere, wollte diesen Vertrag später nicht anerkennen, schloss dann aber mit den Herzögen von Lüneburg einen Vergleich, welcher es in der Hauptsache beim Alten beliess. Jedenfalls spricht diese Ehe und ihre Folgen nicht für die Behandlung derselben als einer standesmässigen[4]).

3) Die Ehe des Markgrafen Ernst von Baden-Durlach mit Ursula von Rosenfels, 1518[5]). Obgleich diese aus dem niederen Adel war und keine Standeserhöhung erfolgte, gelangten ihre Söhne zur unbestrittenen Succession. Möglich ist, dass hierzu

---

1) Moser, t. Staatsrecht XIX S. 88 ff.
2) Pütter, Missheiraten S. 56 ff.
3) Moser a. a. O. S. 97 ff.; Pütter a. a. O. S. 91 ff.
4) Vgl. jedoch Havemann, Gesch. der Lande Braunschweig u. Lüneburg II 87.
5) Moser, t. Staatsrecht XIX S. 112 f.

wesentlich das Fehlen näherer successionsberechtigter Agnaten beitrug, wie Pütter[1]) dies nachzuweisen sucht.

4) Die Ehe des Markgrafen Eduard Fortunat von Baden-Baden mit Marie von Eicken, der Tochter eines niederländischen Gouverneurs, 1591[2]). Nach dem Tode des ersteren ergriff der Markgraf von Baden-Durlach Besitz von dessen Lande, indem er geltend machte[3]), dass die Kinder des Markgrafen Eduard Fortunat mit der von Eicken nicht successionsfähig seien. Ein kaiserliches Dekret erkannte die Besitzergreifung auch an. Als dann der Markgraf von Baden-Durlach seine bekannte unglückliche Rolle im dreissigjährigen Kriege spielte, wandte sich das Blatt zu Gunsten der Kinder der von Eicken. Zumal da diese katholisch waren, wurde ihre Restitution als Parteisache betrieben (Caruffa, de Germania sacra restaurata p. 152 „maxime ut catholica religio debite promoveretur")[4]). Im Jahr 1622 erging auch ein Urteil des Reichshofrats, welches die Kinder für successionsfähig erklärte. Bei den Verhandlungen des westphälischen Friedens kam es noch einmal darüber zu Auseinandersetzungen zwischen den Katholischen und Evangelischen; doch setzten die ersteren ihren Willen durch. Aus einer Entscheidung, die so durchaus politischen Rücksichten entsprang, wird man kaum Schlüsse für das Recht ziehen dürfen.

5) Die Ehe des Fürsten Johann Ludwig von Anhalt-Zerbst mit einem Fräulein von Zeutsch, 1687[5]). Auch Nachkommen aus dieser Ehe gelangten zur Succession; doch wurde ihr Successionsrecht vom Kaiser in zwei Dekreten vorher bestätigt. Auch war hier ein Widerspruch seitens der Agnaten weniger zu befürchten, weil in den beiden andern Anhaltinischen Linien um dieselbe Zeit unstandesmässige Ehen vorgekommen waren (des Fürsten von Anhalt-Cöthen mit Frl. von Rathen, 1692, und des Fürsten von Anhalt-Dessau mit Anna Luise Fösen), welche durch kaiserliche Standeserhöhung und Consens der Agnaten volle Wirkung erhielten[6]).

6) Die Ehe des Pfalzgrafen Johann von Pfalz-Birkenfeld-

---

1) a. a. O. S. 83 ff.
2) Moser a. a. O. S. 102 ff.; Pütter a. a. O. S. 125 ff.
3) Allerdings kamen noch andere Gründe für die Besitzergreifung in Betracht. Pütter, a. a. O. S. 131 f.
4) Pütter a. a. O. S. 133 (k).
5) Moser, Staatsrecht S. 838; Pütter a. a. O. S. 166 ff.
6) Heffter, Beiträge zum deutschen Staats- und Fürstenrecht S. 36 f.

Gelnhausen mit einem Fräulein von Witzleben¹), 1696. Diese wurde durch ein Urteil des Reichshofrats 1715 gegen agnatischen Widerspruch „für ein ordentliches, gültiges und vollständiges fürstliches Matrimonium" erklärt.

7) Die Ehe des Herzogs Christian Carl zu Holstein-Norburg mit Dorothea Christiane von Eichelberg, 1702²). Diese Ehe wurde kraft eines vom König von Dänemark als Familienhaupt bestätigten Vertrages als morganatisch behandelt und den Kindern nur für den Fall des Aussterbens der Linie des ältern Bruders des Herzogs Christian ein mögliches Successionsrecht offen gelassen. Ein Sohn aus dieser Ehe erhielt daher auch den Namen von Carlstein. Dieser machte trotzdem mit Unterstützung des Königs von Dänemark Successionsansprüche gegenüber einem allein noch lebenden Herzoge von Holstein-Rethwisch geltend. Der Reichshofrat erkannte aber (1723) zu Gunsten des letzteren in possessorio, und bestimmte sogar, „dass dem von Carlstein aber das dieserhalb eingereichte Memorial der darin angemassten nichtigen Titulatur (eines Hertzogens von Holstein) halber wieder heraus zu geben seie"³). Nachdem dann der Herzog von Rethwisch gestorben war, erging im Jahr 1781 ein Definitivspruch, welcher die Ehe des Herzogs Christian Carl zu Holstein mit der von Eichelberg für ein fürstliches, rechtmässiges Matrimonium und den Herrn von Carlstein für vollkommen successionsfähig erklärte.

Schon aus dieser kurzen Uebersicht über die von Moser angeführten sieben Fälle kann man entnehmen, dass keineswegs alle unbedingt für die Standesmässigkeit der Ehe eines Fürsten mit einer Dame von niederem Adel sprechen. Und Moser führt diese Fälle nicht etwa als Beispiele für das neue Herkommen an, sondern sie sind die einzigen, die er weiss; sie allein sollen das Herkommen begründen, wie er denn auch ausdrücklich sagt, „dass sieben in bald 300 Jahren sich zugetragene Fälle ein wahres Reichsherkommen ausmachen"⁴).

Um nun diese Ansicht Moser's zu prüfen, muss man vor allem feststellen, ob denn die Erfordernisse für die Bildung eines solchen neuen Herkommens thatsächlich vorhanden waren. Zunächst würde eine gleichmässige Uebung erforderlich sein. Schon von

---

1) Moser a. a. O. S. 94 ff.; Pütter, S. 163 ff.
2) Moser a. a. O. S. 118 ff.; Pütter a. a. O. S. 218 ff.
3) Moser a. a. O. S. 135.
4) Familienstaatsrecht II S. 188. Aehnlich S. 146 n. 10: „die sieben Fälle seien so beträchtlich, dass nicht noch mehrere sich zugetragene Fälle zu einem Herkommen erfordert werden".

den oben besprochenen sieben Fällen sprechen aber einige — z. B. der im Hause Braunschweig-Lüneburg — eher dafür, dass die Ehen von Fürsten mit adligen Damen als Missheiraten betrachtet wurden. Auch Moser führt einige Fälle an [1]), in denen solche Ehen als nicht standesgemäss behandelt wurden, doch behauptet er, es hätten dann wohl besondere pacta vorgelegen. Bei der Ehe des Fürsten Lebrecht von Anhalt-Bernburg mit einem Frl. von Ingersleben [2]) aber waren solche offenbar nicht vorhanden; doch wurde dieser Dame durch ein Rescript vom Reichshofrat vom Jahr 1726 untersagt, sich „fürstlich" und „Durchlaucht" nennen zu lassen, ein Beweis dafür, dass auch die Rechtsprechung des Reichshofrats keineswegs eine constante war. Und wenn auch im anderen Falle besondere Verträge vorhanden waren, durch welche die Wirkung einer solchen Ehe geregelt wurden, beweisen nicht auch diese Verträge, dass man in den Fürstenhäusern die Ehen mit adligen Damen als nicht standesgemäss ansah? Zur Bildung eines allgemeinen, den gesammten hohen Adel betreffenden Herkommens zu Gunsten des niedern Adels, würde doch auch eine dahin gehende Rechtsüberzeugung in den Kreisen des hohen Adels gehören. Wie steht es aber damit? Könnte man nicht schon daraus, daß innerhalb mehrerer Jahrhunderte Fürsten sich nur in so seltenen Fällen mit adligen Damen vermählten und dann meist die Wirkungen einer solchen Ehe vertragsmässig festsetzten, den Schluss ziehen, dass sie im Allgemeinen solche Ehen nicht als vollwirksam ansahen? Oder wozu hätte es noch der Standeserhöhungen bedurft, um welche die Fürsten für ihre Gemahlinnen von niederem Adel meist beim Kaiser nachsuchten? Den letzteren Einwand sucht Moser [3]) durch die Bemerkung zu entkräften, früher sei allerdings eine Standeserhöhung erforderlich gewesen, weil damals das Herkommen zu Gunsten des niederen Adels noch nicht bestanden habe: auch sei es den Fürsten lieber, dass es heisse, sie hätten eine Fürstin oder Gräfin, als eine vom Adel zur Gemahlin. Im letzten Falle würde eine Standeserhöhung aber doch wenig helfen und eine Fürstin, die wegen ihrer niederen Geburt einmal gering angesehen wird, wird es auch trotz einer Standeserhöhung bleiben. Den besten Beweis aber dafür, wie ungünstig die Stimmung in den Fürstenhäusern den Verbindungen mit dem niederen Adel war,

---

1) Familienstaatsrecht II S. 138.
2) Pütter, Missheiraten S. 258 f.
3) a. a. O. S. 140; 149 n. 14.

liefern die zahlreichen Hausgesetze und Familienverträge [1]). Ebenso ergeben die Verhandlungen beim Abschluss der Wahlcapitulation von 1742, dass die Fürsten solche Ehen als Missheiraten betrachtet wissen wollten [2]). Nimmt man aber mit Moser einmal an, dass früher die Ehen zwischen Fürsten und adligen Damen Missheiraten gewesen seien, so wird man bei dem offenbaren Widerstreben in den meisten Fürstenhäusern die Bildung eines neueren gemeinen Herkommens zu Gunsten des niederen Adels nicht nachweisen können. Höchstens hätten jene sieben Fälle für die einzelnen Häuser, in denen sie sich ereigneten, ergeben können, dass man dort die Ehen mit Damen von niederem Adel als standesmässige betrachtete, obgleich selbst diese Folgerung z. B. für das Haus Baden keineswegs richtig sein dürfte. Das ist der Hauptfehler in Moser's Beweisführung: aus dem, was in einzelnen Fürstenhäusern geschieht, leitet er ein Herkommen ab, welches sämmtliche fürstliche Familien verpflichten soll. Es ist derselbe Fehler, wie er auch sonst in den Werken Moser's vorkommt, wenn er aus Beispielen in einzelnen deutschen Staaten gemeine deutsche Rechtssätze gewinnen will [3]). Es ist noch zu betonen, dass Moser das neue Herkommen zu Gunsten des niederen Adels nicht etwa als eine blosse Sitte versteht oder als einen Gebrauch, dass in den meisten fürstlichen Häusern solche Ehen thatsächlich als standesmässig behandelt würden, sondern er betrachtet dieses Herkommen als ein alle fürstlichen Familien verpflichtendes Gewohnheitsrecht und geht sogar soweit zu behaupten, dass der niedere Adel dadurch ein jus quaesitum auf die Standesmässigkeit seiner Ehen mit Fürsten erlangt habe, welches ihm durch keine Familienverträge entzogen werden könne [4]). Uebrigens lässt Moser das neue Herkommen nur zu Gunsten der Damen von stiftsmässigem, niederen Adel sprechen und erklärt „eines Fürsten Ehe mit einer nicht Stiftsmässigen von Adel krafft uralten Teutschen Herkommens" für unstandesmässig [5]).

Dasselbe neue Herkommen zu Gunsten der Ehen mit dem niederen Adel behauptet Moser auch für die gräflichen Familien.

---

1) Pütter, Missheiraten S. 191—215; 303—309.
2) Pütter a. a. O. S. 274 ff.
3) So bezeichnet R. v. Mohl in seiner „Geschichte und Litteratur der Staatswissenschaften" II 410 es als eine Eigentümlichkeit der Moser'schen Darstellung, dass er das Dasein eines gemeinen deutschen Rechtsinstituts durch Beispiele aus den verschiedenen Reichsländern zu erweisen sucht.
4) Familienstaatsrecht II S. 163.
5) Familienstaatsrecht II S. 142.

Nur nimmt er sich hier nicht die Mühe, einzelne Fälle nachzuweisen, sondern sagt im Allgemeinen, dass sich eine grosse Menge Exempel fänden. Nun ist auch jedenfalls zuzugeben, dass in manchen gräflichen Häusern die Ehen mit Damen von niederem Adel als standesmässige betrachtet wurden und weit häufiger waren, als in den fürstlichen Familien. Aber hier wären zunächst die Titulargrafen, welche Moser mit zum hohen Adel rechnet, ganz auszuscheiden [1]. Sodann zeigt sich auch in den gräflichen Häusern das Bestreben, nur Ehen mit Damen aus reichsständischen, also hochadligen im strengen Sinne, Häusern als standesmässig anzusehen [2]. Kann man demgegenüber nun wohl auf Grund der Vorkommnisse in vielen gräflichen Häusern die Bildung eines alle Familien verpflichtenden neuen Herkommens zu Gunsten des niederen Adels behaupten? Nach Moser würden selbst die gräflichen Häuser, welche bisher an dem strengen Ebenbürtigkeitsprinzip festhielten, für die Zukunft nicht mehr die Ehen mit Damen von niederem Adel als Missheiraten betrachten oder dahin gehende hausgesetzliche Bestimmungen treffen können, weil dieses das jus quaesitum des niederen Adels auf Standesmässigkeit seiner Ehen mit dem hohen Adel verletzen würde. Mit diesen Folgerungen hat Moser selbst bei denen, welche im Resultat mit ihm übereinstimmen, wenig Beifall gefunden.

Neben dem bei weitem wichtigeren Fall der Ehe eines Herrn vom hohen Adel mit einer Dame von niedrigerem Stande erwähnt Moser den umgekehrten der ungleichen Ehe einer hochadligen Dame nur kurz [3]. Die Folgen einer solchen Ehe sind natürlich weit weniger erheblich, weil es sich dabei nicht um Aufnahme neuer Glieder in die hochadlige Familie handelt, sondern die Frau, welche sich verheiratet, ohnedies ihre Familie verlässt. Für die Fürstinnen scheint Moser hier strengere Grundsätze anzuerkennen. Er sagt, dass Prinzessinnen, welche sich mit einem Reichsgrafen verheirateten, das fürstliche Prädicat „Durchlaucht" behielten und sich auch den Titel Fürstin zum Namen ihres gräflichen Gemahls beilegen liessen; als Grund bezeichnet er die unter dem hohen

---

1) Siehe auch Pütter, Rechtsfälle Bd. III Th. 3 S. 797 f. § 19.
2) Z. B. der Beschluss der Westphälischen Grafen vom 4. Aug. 1755 „wie die Absicht des ganzen Collegii dahin gerichtet sei, dass ein jeder Herr, welcher aus diesen sich zu vermählen denke, den vorzüglichen Bedacht auf eine Gräfin seines Standes, entweder aus diesen, oder aus anderen Collegiis und deren (?denen) altgräflichen Häusern, zu nehmen" — — bei Pütter, Missheiraten S. 451 und die nicht bestätigten Hausgesetze das. S. 305 ff.
3) Moser, Familienstaatsrecht II S. 173 f.

Reichsadel von ältesten Zeiten hergebrachte Ebenbürtigkeit[1]). Hier scheint er ein neues Herkommen zu Gunsten des niederen Adels nicht behaupten zu wollen. Dagegen hält er die Ehe einer Gräfin aus einem alten Hause mit einem Herrn von altem niederen Adel für standesmässig; wenigstens meint er, dass in einem solchen Falle das übliche Heiratsgut nicht verweigert werden dürfe. Allgemeine Sätze für solche Ehen hat er nicht aufgestellt. Auch auf die Verbindungen deutscher Fürsten und Grafen mit ausländischen adligen Damen geht Moser nur kurz ein[2]). Wie er der Ansicht ist, dass in früheren Zeiten die deutschen Fürsten alle thatsächlich eine Herrschaft besassen, so meint er auch, dass sie damals streng darauf gehalten hätten, nur Damen aus regierenden Häusern zu heiraten. Da er aber die späteren Titularfürsten und -grafen auch zum hoher Adel rechnet, kommt er folgerecht zum Schluss, dass jetzt für den auswärtigen Adel auch ein hoher Titel genüge und drückt das in seiner drastischen Weise dahin aus: „Bey der jetzigen Confusion aber ist es genug, wenn der Vater gewissermassen Fürst oder Graf ist, der übrige Verhalt desselben gegen einen Teutschen Fürsten oder Grafen mag nun seyn, wie er will, und die Ahnen mögen so wunderseltsam aussehen, als sie können"[3]).

§ 5. Einfluss einer kaiserlichen Standeserhöhung.

Eine ausführliche Untersuchung stellt Moser über den Einfluss kaiserlicher Standeserhöhungen auf die Missheiraten an[4]). Da dieses aber für unsere Zeit von geringer Bedeutung ist und auch zum grossen Teil aus dem Standpunkt Moser's zu den andern Fragen sich ergiebt, wird es genügen, die Hauptsachen hervorzuheben. Die Macht des Kaisers war in Bezug auf die Standeserhöhung und Erklärung der Successionsfähigkeit der Kinder aus unstreitig notorischen Missheiraten durch die Wahlcapitulation beschränkt. Wie aber war es vor Einfügung des art. 22 § 4 gewesen? Konnte der Kaiser damals durch Standeserhöhung einer sonst nicht ebenbürtigen Gemahlin oder solcher Kinder diesen zur Succession verhelfen? Diese Frage ist deshalb wichtig, weil dasselbe Recht auch nach der Wahlcapitulation auf Missheiraten anzuwenden wäre, die nicht zu den unstreitig notorischen ge-

---

1) Von t. Reichsständen S. 913 Anm. 5.
2) Familienstaatsrecht II S. 150.
3) Familienstaatsrecht II S. 150.
4) Familienstaatsrecht II S. 156 ff.

hörten. Für Moser kommen solche allerdings kaum in Frage; denn da er die Ehen von hochadligen Herren mit Damen von alten niederem Adel für standesgemäss, die Ehen solcher Herren mit bürgerlichen Personen aber für unstreitig notorische Missheiraten hält, bleiben als nicht unstreitig notorische Missheiraten höchstens die Ehen mit Damen übrig, welche von niederem Adel waren, aber nicht vier Ahnen aufzuweisen hatten. Aus der Wahlcapitulation könnte man schliessen, dass der Kaiser ohne die darin ausdrücklich auferlegte Beschränkung und also auch vorher, das Recht der Standeserhöhung für Kinder aus Missheiraten gehabt habe und diese auch für successionsfähig hätte erklären können. Moser aber leugnet das, weil keine Exempel vorhanden seien und nach Analogie der Staatsverfassung dem Kaiser eine solche Macht nicht zustehe[1]). Hierin möchte er aber doch wohl zu weit gehen[2]). In früheren Zeiten schrieb man sicher der kaiserlichen Standeserhöhung eine vollkommene Wirkung zu, und dass man auf der Seite des Kaisers, in den Wiener publicistischen Kreisen, auch noch im vorigen Jahrhundert daran festzuhalten suchte, ist unverkennbar[3]).

Die Beschränkung des art. 22 § 4 der Wahlcapitulation lautet nur dahin, dass der Kaiser die Kinder aus unstreitig notorischen Missheiraten zum Nachteil der wahren Erbfolger und ohne deren besondere Einwilligung nicht für ebenbürtig und successionsfähig erklären solle. Hieraus folgert Moser, dass er es dürfe, wenn entweder keine wahren Erbfolger da seien, oder wenn diese consentierten[4]). Als wahre Erbfolger aber bezeichnet er die Agnaten, die Erbverbündeten „oder sonst rechtsgültig darauf expektivierten" und die Particularlehnsherrn. Durch eine kaiserliche Standeserhöhung in Verbindung mit dem Consens dieser Erbfolger können also die Folgen einer Missheirat nach Moser geheilt werden. Ebenso wenig wie eine Standeserhöhung allein, genügt der Consens allein[5]); beides zusammen ist erforderlich und genügend:

---

1) Familienstaatsrecht II S. 160.
2) Dagegen auch C. Bornhak, die Lippe'sche Successionsfrage im Archiv für öffentl. Recht V S. 395.
3) Siehe besonders das Gutachten einer Deputation des Reichshofrats über die Wahlcapitulation, 1745: „der Kaiser bleibe doch fons nobilitationum und könne also ohne allen Zweifel eine Frau, die der Geburt nach bürgerlichen Standes gewesen, in den Fürstenstand erheben; da denn an und vor sich nichts hindern könne, dass sie ihres Eheherrn Titel gebrauche und dass die Kinder für successionsfähig geachtet würden"; bei Pütter, Missheiraten S. 289, 290.
4) Familienstaatsrecht II S. 157.
5) a. a. O. S. 155: „Allein die Agnaten können wohl widersprechen, oder

einer Zustimmung des churfürstlichen oder fürstlichen oder der gräflichen Collegien soll es nicht bedürfen ¹).

§ 6. Hausgesetzliche Bestimmungen über Missheiraten.

Auch auf den Einfluss, den hausgesetzliche Bestimmungen auf die Standesmässigkeit der Ehen in den betreffenden Häusern haben können, geht Moser des Weiteren ein. Er hielt sie nur für gültig, soweit sie über Fälle, über welche der Kaiser und das Reich nicht einig sind, disponieren ²). Da nun für die Standesmässigkeit der Ehen zwischen hochadligen Herren und Damen von altem niederen Adel ein rechtskräftiges Reichsherkommen bestehe, seien entgegenstehende Bestimmungen in Hausgesetzen nichtig; der niedere Adel habe ein jus quaesitum auf Standesmässigkeit solcher Ehen erlangt ³). Eine Ausnahme sei nur für solche Hausgesetze anzuerkennen, welche errichtet seien, bevor das neue Herkommen sich gebildet habe; in diesen könnten also auch die Ehen der fürstlichen oder gräflichen Familienmitglieder mit dem niederen Adel für Missheiraten erklärt worden ⁴). Diese Ausführungen Moser's dürften allgemein als unrichtig anerkannt werden. Selbst Schriftsteller wie Zoepfl, welche sonst dem Ebenbürtigkeitsprinzip unter freien Personen jede Geltung absprechen, erkennen doch eine Befugnis des hohen Adels an, durch Hausgesetze die Ehen mit Personen anderer Stände, also auch des niederen Adels, für Missheiraten zu erklären. Auf der anderen Seite hält Moser auch solche hausgesetzliche Bestimmungen für nichtig, welche unstreitig notorische Missheiraten als standesmässig, und die Kinder daraus als successionsfähig bezeichneten, weil auch hierüber eine Einigkeit zwischen Kaiser und Reich vorhanden sei.

Von Wichtigkeit für unsere Lehre ist auch die Frage, ob zur Gültigkeit der Hausgesetze kaiserliche Bestätigung erforderlich sei. Moser verneint dieses ⁵), besonders weil „in der Reichs-

---

bewilligen, soviel ihr privat-Interesse betrifft: Aber der Kaiser und der gesamte Fürsten- oder Grafenstand haben auch ein (resp. gemeinsames) Interesse dabei".

1) a. a. O. S. 157.
2) a. a. O. S. 162.
3) a. a. O. S. 163: „Denn alle Verträge müssen nicht in praejudicium juris quaesiti eines Tertii gereichen: Nun aber hat der gesammte niedere Adel aus berührten Herkommen ein Jus quaesitum erlangt, dass Fürsten und adliche Personen zusammen heiraten können". — —
4) a. a. O. S. 162.
5) a. a. O. S. 1052 ff.

Hofrats-Registratur mehr als hundert Exempel zu finden sein werden, dass in contradictorio auf unconfirmierte Familienverträge gesprochen worden seye"¹). Dagegen hält er eine kaiserliche Bestätigung für sehr nützlich²), weil die Reichsgerichte, falls kein Dritter etwas einzuwenden habe, auf ein solches confirmiertes pactum sprechen müssten, ohne erst eine causae cognitio über seine Gültigkeit nach den Reichsgrundgesetzen anzustellen, da eine solche cognitio schon bei der Bestätigung erfolgt sei.

§ 7. Folgen einer Missheirat; morganatische Ehen.

Ueber die Wirkungen der Missheiraten lässt Moser sich nur an wenigen Stellen näher aus. Die nicht ebenbürtige Gemahlin soll „ihres Gemahls Standes, Tituls, Würden und Ehren" nicht teilhaftig werden³). Die Kinder aus einer unstandesmässigen Ehe sind zwar eheliche Kinder, aber gehören „in sensu juris und quoad effectus civiles nicht zu ihres Vaters Haus und Familie⁴)". Daher sind sie des väterlichen Standes, Namens und Wappens nicht fähig und treten in den Stand, welchen ihre Mutter bei Eingehung der Ehe hatte. Letzteres war besonders bestritten für die Kinder eines Fürsten mit einer bürgerlichen Frau⁵); denn da sogar die Kinder eines gewöhnlichen Edelmannes mit einer Bürgerin adlig seien, schloss man, dass um so mehr die Kinder eines Herrn vom hohen Adel mit einer bürgerlichen Frau mindestens dem niederen Adel angehörten. Moser bemerkt mit Recht, dass ein solcher Schluss nicht richtig sei, weil im ersteren Fall wie bei jeder standesmässigen Ehe die Kinder den Stand und Namen des Vaters erhielten, während nur im letzteren Fall eine Missheirat vorliege. Thatsächlich werden die nicht ebenbürtigen Kinder wohl immer in den niederen Adelsstand erhoben werden. Ferner sollen diese Kinder von der Erbfolge in die unmittelbaren

---

1) a. a. O. S. 1053 n. 4.
2) a. a. O. S. 1058: „Es ist zwar an dem, dass die Confirmation ein unrechtmässiges Pactum nicht gültig machen kann, ein rechtmässiges hingegen nicht erst gültig macht, sondern nur dafür erklärt: Aber dieses operiert doch allemal wenigstens so viel, dass man in Ansehung derer Reichsgerichte sicher stehet, dass sie für sich nichts mehr gegen das Pactum moviren können".
3) Das. S. 889; S. 606: Die nicht ebenbürtige Wittwe soll sich damit begnügen, „dass sie sich ihres verstorbenen Gemahls, z. E. Herzogs N. zu N. hinterlassene Wittwe schreibe".
4) a. a. O. S. 848 ff.
5) a. a. O. S. 169 f.

Reichslande, in Familienfideicommisse, sowie in alles, was zum Namen und Land gehört, ausgeschlossen sein[1]). Dagegen können sie die Privatgüter des Vaters, sowie die mütterliche, brüderliche und schwesterliche Hinterlassenschaft ab intestato erben. Mit besonderem Eifer tritt Moser für eine genügende Alimentation nicht ebenbürtiger Kinder ein[2]). Wenn er verlangt, dass ihr Vater ihnen einen dem Stande ihrer Mutter entsprechenden Unterhalt gewähre, so ist das den allgemeinen Rechtsgrundsätzen entsprechend und nicht mehr wie billig. Moser geht aber noch weiter und verlangt, dass den unebenbürtigen Kindern ein solcher Unterhalt ex territorio, also auch von jedem Regierungsnachfolger, zu gewähren sei und zwar simpliciter, d. h. ohne Rücksicht darauf, ob sie aus dem Privatvermögen des Vaters oder von anderer Seite hinreichend vermögend oder wirklich bedürftig seien. Er beruft sich darauf, dass selbst die unehelichen Kinder eines Regenten in subsidium einen Anspruch gegen das Land hätten. Er ist aber überhaupt nur für den Fall des Bedürfnisses einzuräumen und keineswegs dem Lande gegenüber anerkannt. Wenn Moser ferner die Analogie der ebenbürtigen Töchter heranzieht, die wie die nicht ebenbürtigen Kinder von der Succession ausgeschlossen seien und doch Ansprüche an das Land geltend machen können, so ist dieser Vergleich unglücklich gewählt, weil jene Töchter im Rechtssinne zur hochadligen Familie gehören, was bei den nichtebenbürtigen Kindern nicht der Fall ist.

Die erwähnten Folgen der Missheiraten sind practisch weniger wichtig, weil solche Ehen meist morganatisch, d. h. mit vertragsmässiger Regelung der Wirkungen, eingegangen werden. Für die morganatischen Ehen stellt Moser[3]) weniger strenge Anforderungen auf, als die oben bei den Hausgesetzen erwähnten[4]). Während er dort Bestimmungen, welche die Ehen zwischen einem hochadligen Manne und einer Frau von niederem Adel für Missheiraten erklärten, als nichtig behandelte, lässt er zu, dass solche Ehen als morganatische eingegangen würden. Er unterscheidet also morganatische Ehen, welche auch ohnedies Missheiraten sein würden, und solche, welche ohne die morganatische Eingehung vollwirksam sein würden. Auch in letzterem Falle verlangt er aber eine Standesungleichheit der Gemahlin[5]); zwischen hoch-

---

1) S. 849.
2) a. a. O. S. 849.
3) S. 165 ff.

adligen Personen wäre also eine morganatische Ehe unmöglich, nicht aber zwischen einem hochadligen Mann und einer Frau von niederem Adel, obgleich auch solche Ehen kraft Reichsherkommens nach Moser standesgemäss sind. In letzterem Falle, also bei einer an sich vollwirksamen Ehe, muss aber der morganatische Vertrag vor der Ehe geschlossen sein, weil sonst die Kinder ein unentziehbares Recht auf Vollwirksamkeit der Ehe gewonnen haben[1]. Auch kann ein solcher morganatischer Vertrag, soweit nicht das Recht eines tertius compaciscens im Wege steht, in diesem Fall später wieder aufgehoben werden; dann wird die Ehe zu einer vollkommen gleichen. Bei einer morganatisch eingegangenen, an sich unstandesmässigen Ehe ist letzteres natürlich nicht möglich.

§ 8. Ueberblick.

Nach dieser Uebersicht über Moser's Ansicht in Bezug auf die Ebenbürtigkeitslehre werden wir zugeben müssen, dass Pütter's oben S. 7 erwähntes Urteil über ihn mindestens berechtigt war. Moser's Verdienste auch um unsere Lehre sind nicht zu unterschätzen. Seinem grossen Fleisse und seiner Erfahrenheit in publicistischen Angelegenheiten verdanken wir eine getreue Ueberlieferung eines grossen Materials und im Einzelnen manches gesunde Urteil. Aber ein tieferes Verständniss des Ebenbürtigkeitsprincipes, das sich allerdings nur durch ein Eingehen auf seine historische Entwicklung gewinnen liess, fehlt vollständig. „Auch hier genügt die Thatsache ohne ihren Geist und ohne ihr inneres Verständnis"[2]. Indem er seinen äusserlichen Begriff des hohen Adels in die Ebenbürtigkeitslehre hineintrug, war eine Verwirrung unausbleiblich. Seine Entscheidung der Hauptfrage, die Begründung des neueren gemeinen Herkommens zu Gunsten des niederen Adels, kann nicht befriedigen. Man hat wohl die Frage aufgeworfen, wie Moser dazu kam, in diesem Streit die Partei des Kaisers und des niederen Adels zu ergreifen. Estor[3] meint, seine Lehrmeister in Tübingen, die jederzeit gut ritterschaftlich gewesen seien, hätten Moser diese Meinung eingeprägt. Pütter

---

nemlich ein Stand des Reichs sich eine Person ungleichen (zuweilen auch adelichen) Standes .... antrauen lässet".
    1) a. a. O. S. 167.
    2) R. v. Mohl, Geschichte und Litteratur der Staatswissenschaften II S. 410.
    3) Opusc. vol. I part. 2 p. 331. Angeführt bei Pütter, Missheiraten S. 523 Anm. q.

bezweifelt das wohl mit Recht. Will man nach einem Grunde suchen, so wäre eher daran zu erinnern, dass Moser bei der Kaiserwahl im Jahre 1742 und speciell bei der Abfassung der Wahlcapitulation, in welche auch jene Stelle über die Missheiraten aufgenommen wurde, im Dienste Churtriers thätig war. Die geistlichen Churfürsten traten nun grade bei den Verhandlungen über jene Stelle für den niederen Adel ein. Diese Anschauung seiner Umgebung wirkte vielleicht unwillkürlich auch auf Moser ein. Die Vermutung einer absichtlich tendenziösen Darstellung wird man bei dem „ehrlichen Moser" weit von sich weisen müssen.

III. Die Lehre von der Ebenbürtigkeit bei J. St. Pütter.

§ 9. Allgemeines.

Eine ganz andere Auffassung unserer Lehre als bei Moser finden wir bei Pütter. Man hat oft Vergleiche zwischen ihnen angestellt, zu denen ihre verschiedenen Lebensumstände ebenso wie ihre verschiedene Stellung in der Wissenschaft allerdings auch grossen Reiz bieten. Auf der einen Seite der in den verschiedensten Lebensstellungen umhergeworfene Moser, der durch seine allzugrosse Offenheit überall Anstoss erregte und sich besonders manchen Anfechtungen der regierenden Herren ausgesetzt sah — auf der anderen Seite der vorsichtige Pütter, welcher über 50 Jahre als Professor in Göttingen wirkte und dessen Vorlesungen und Umgang von Fürsten und Grafen mit Vorliebe gesucht wurden[1]). Auch in der Behandlung der Ebenbürtigkeitslehre sehen wir die verschiedene Art ihrer wissenschaftlichen Thätigkeit: „Pütter's Ordnen und Moser's Sammeln", wie R. v. Mohl[2]) es treffend bezeichnet; bei diesem eine Anhäufung von Materialien, bei jenem eine bis ins Kleinste gehende systematische Ordnung des Stoffes und eine gründliche Verarbeitung desselben.

Pütter sagt selbst, dass er stets eine Vorliebe für das deutsche Privatfürstenrecht gehabt habe[3]); auf diesem Gebiete liegt auch unstreitig seine Hauptbedeutung. Die Ebenbürtigkeitslehre, diesen so wichtigen und viel umstrittenen Punkt des deutschen Privatfürstenrechts, hat er in verschiedenen seiner Schriften behandelt.

---

1) F. Frensdorff, Art. Pütter in A. D. B. Bd. 26. S. 764 ff.
2) a. a. O. S. 423.
3) Selbstbiographie I S. 194.

Die Grundsätze der Lehre in seinen „Primae lineae juris privati principum speciatim Germaniae" (§ 23—26. S. 39—56) 1. ed. 1768, und in der „Historischen Entwicklung der heutigen Staatsverfassung des Teutschen Reichs" Th. 3 (1787) S. 22 ff.; einige Fragen des Gegenstandes in seinen Rechtsfällen (Bd. II Th. 2 S. 521 ff. vom Febr. 1770; Bd. III Th. 1 S. 22 und 98 f. vom Nov. 1776; Bd. III Th. 3 S. 794—799 vom März 1773 und S. 799 ff. vom März 1780)[1]. Selbständige Monographieen über unsere Lehre enthalten zwei Werke aus der letzten Zeit seiner litterarischen Thätigkeit: „Ueber den Unterschied der Stände, besonders des hohen und niederen Adels in Teutschland vom October 1795 und „Ueber Missheiraten Teutscher Fürsten und Grafen", April 1796.

§ 10. Entwicklung der Geburtsstände und Begriff des hohen Adels.

Da es für das Verständnis der Ebenbürtigkeitslehre vor allem darauf ankam, den Unterschied der Geburtsstände in seiner historischen Entwicklung festzustellen, so beschäftigt sich Pütter zunächst mit dieser Aufgabe[2]. Seine leitenden Gesichtspunkte sind: Bei den Deutschen bildete sich, wie bei jedem Volke, welches sich zu einem Staatsvolk zusammengeschlossen hat, ein Standesunterschied nicht nur zwischen Freien und Unfreien, sondern auch zwischen den Gemeinfreien, den Unterthanen, und den Herrschenden. Sobald die Macht der letzteren erblich geworden war, schlossen sie sich zu einem besonderen Geburtsstand, einem Erbadel, ab; ein solcher existierte schon zur Zeit des Tacitus[3]. Diese drei Stände (die Herrschenden, Freien und Unfreien) entwickelten sich in der Weise, dass aus den Unfreien der spätere Bauernstand erwuchs[4]. Die Freien dagegen teilten sich; die einen zogen in die Städte, trieben dort Handel und Gewerbe und

---

1) Die erste Stelle (Bd. II Th. 2 S. 521 ff.) enthält ein Responsum in puncto matrimonii inaequalis viri nobilis cum femina civica, im Namen der Göttingischen Facultät abgefasst. In Bd. III Th. 1 S. 22 u. 98 f. sind einige Stellen aus einem Responsum in Sachen der Marquise von Favras gegen den Fürsten von Anhalt-Schaumburg wichtig. Dieses sowie die letzten beiden Responsa Bd. III Th. 3 S. 794 ff. über die Missheirat eines Reichsgrafen mit einer Person vom Adel, und S. 799 ff. über die Standesmässigkeit der Ehe zwischen fürstlichen und neugräflichen Personen, sind privato nomine abgefasst.
2) Auch Missheiraten S. 347 ff.
3) Ueber den Unterschied der Stände S. 37.
4) a. a. O. S. 24.

vermischten sich vielfach mit unfreien Elementen; die Andern dagegen, die Freien auf dem Lande, führten ein ritterliches Leben und hielten streng auf Verbindungen mit nur freien Leuten [1]. So schlossen sich die letzteren, vor allem durch Einführung der Ahnenprobe als eines Erfordernisses, um in Ritterorden und Stifter zu kommen, zu einem Stand über den Freien in den Städten, zu einem niederen Adel, ab. Trotzdem blieb der Unterschied zwischen dem alten herrschenden Adel und diesem nur aus Freigeborenheit entstandenem Adel bestehen und zeigte sich besonders in der Ministerialität [2], einem Dienstverhältnis, in welchem der niedere zu dem herrschenden Adel stand. Den uralten herrschenden Adel aber bildeten die Vorfahren der späteren fürstlichen und gräflichen Geschlechter. Die Besonderheit der deutschen Staatsverfassung brachte es mit sich, dass diese Herrscher in den einzelnen Staaten in Beziehung auf ganz Deutschland einen gemeinsamen Stand des hohen Adels bildeten [3]. Nach Ausbildung der Reichsverfassung setzten diese hochadligen Familien einen Hauptgrund ihrer Erhabenheit darin, dass sie als Repräsentanten der Nation auf den Reichstagen Sitz und Stimme hatten [4].

Die Hauptsache, worauf es Pütter bei dieser Untersuchung ankam, ist offenbar die Führung des Nachweises, dass der hohe Adel von jeher einen von dem niederen Adel ebenso wie von dem Bürgerstand getrennten Geburtsstand gebildet habe [5]. Aber so einfach und principiell, wie er die Entwicklung darstellt, wird sie nicht erfolgt sein. Vor allem steht jetzt wohl fest, dass kein Zusammenhang zwischen den altgermanischen nobiles und dem späteren hohen Adel vorhanden war [6], sondern dieser sich erst mit der Ausbildung der Territorialhoheit im 13. Jahrhundert als ein besonderer Geburtsstand abschloss. Aber Pütter kommt doch auf das Richtige heraus, wenn er den prinzipiellen Unterschied

---

[1] a. a. O. S. 53 ff.
[2] a. a. O. S. 79 f.
[3] Missheiraten S. 348: „so entstand für ganz Teutschland Erbadel, der in jedem Lande in seiner Art das war, was in Königreichen Erhabenheit des Monarchen; dazu gehörten die Vorfahren unserer jetzigen fürstlichen und gräflichen reichsständischen Häuser".
[4] Unterschied der Stände S. 80.
[5] Missheiraten S. 350: „In der Sache selbst hatte der Fürstenstand oder jetzt sogenannte hohe Adel mit dem niederen Adel nie einerlei Geburtsstand ausgemacht".
[6] Heusler, Institutionen des deutschen Privatrechts I § 39 f.; Brunner, deutsche Rechtsgeschichte I § 32.

zwischen dem hohen und niederen Adel betont und als Grund die herrschende Stellung des ersteren und die Ministerialität des letzteren [1]) hervorhebt. Und vor allem gewinnt Pütter von vorne herein einen festen Begriff des hohen Adels, der bei Moser gänzlich fehlte.

Zwei Erfordernisse sieht Pütter offenbar als Bedingung für die Zugehörigkeit zum hohen Adel an: den Besitz eines reichsunmittelbaren Territoriums und die Reichsstandschaft [2]). Durch das erste Erforderniss unterscheiden sich die hochadligen Familien als die Herrschenden von allen Unterthanen in ihrem Lande. Es ist charakteristisch für die ganze Darstellung unserer Lehre bei Pütter, dass er den deutschen hohen Adel durchaus den souveränen Familien in auswärtigen Staaten gleichstellt [3]). Durch das Erfordernis der Territorialhoheit schliesst er die Personalisten, welche, ohne Landeshoheit zu besitzen, Sitz und Stimme auf dem Reichstag hatten [4]), durch das der Reichsstandschaft die Reichsritterschaft aus, da sie zwar reichsunmittelbare Gebiete, aber nicht Sitz und Stimme im Reichstag hatte. Ebenso folgt daraus, dass ein Bürgerlicher oder ein Herr von niederem Adel, der vom Kaiser in den Grafen- oder Fürstenstand erhoben wird, dadurch nicht in den hohen Adel, der sich keineswegs auf den blossen Titel gründet, versetzt ist [5]), während z. B. ein Graf, der als Realist in einem gräflichen Collegium Sitz und Stimme hatte und dann in den Fürstenstand erhoben ist, durch diese Erhebung nur einen höheren Rang in seinem hochadligen Stande erhält [6]). Auch der Unterschied, welchen Pütter zwischen alten und neuen Fürsten macht, ist hier zu erwähnen, da er bei ihm auch in der Ebenbürtigkeitslehre eine Rolle spielt. Unter alten Fürsten versteht Pütter nach

---

1) Auf die letztere legt Pütter das Hauptgewicht, z. B. Missheiraten S. 390 ff., doch verkennt er noch ebenso wie seine Zeitgenossen die Hauptsache: die unfreie Herkunft der Ministerialen (vgl. Frensdorff, zwei Briefsammlgn. des Welfenmuseums in den Nachr. v. d. Gesellschaft der Wiss. Gött. 1893 S. 310).

2) Unterschied der Stände S. 84: „das Wesentliche des wahren Vorzuges, den Teutsche Fürsten und Grafen nicht nur als Teutsche Reichsstände, sondern auch zugleich als wahre Regenten über Land und Leute hatten — —"; ebendort S. 114; 136. Missheiraten S. 390.

3) Unterschied der Stände S. 36 f.; 75 f.

4) a. a. O. S. 143.

5) a. a. O. S. 116: „So wenig sind diese Standeserhöhungen vermögend gewesen, irgend einige Realität des nur dem Namen nach damit erworbenen höheren Standes zu bewirken".

6) a. a. O. S. 135 f.

dem Vorgang Moser's[1]) diejenigen, welche schon im Jahre 1582 Virilstimmen im Reichsfürstenrat hatten; als Grund giebt er an, dass seit jenem Jahre kaiserliche Standeserhöhungen nicht mehr den Erwerb von Sitz und Stimme im Fürstenrat ohne Weiteres zur Folge gehabt hätten. Für die alten und neuen Grafen fehlt ein solches bestimmtes Unterscheidungsjahr. Nun ist aber wohl zu beachten, dass Pütter, wenn er von neuen Fürsten und Grafen spricht, darunter sehr häufig nur die sogenannten Titularfürsten und -grafen versteht[2]), welche allerdings die Hauptmasse der seit Ende des 16. Jahrhunderts in den Grafen- oder Fürstenstand Erhobenen ausmachten. Diese stellt er als zum niederen Adel gehörig den reichsständischen Häusern scharf gegenüber. Dagegen die neufürstlichen und neugräflichen Familien, welche sich im Besitz von Landeshoheit und Reichsstandschaft befanden, rechnet Pütter offenbar mit zum hohen Adel, wenn er auch einen Unterschied zwischen ihnen und den altreichsständischen Häusern nicht verkennt[3]). Vollends darf man das, was Pütter an einigen Stellen von neuen Fürsten sagt, keineswegs auf die neufürstlichen Familien beziehen, welche vorher dem alten Reichsgrafenstand angehörten.

§ 11. Entwicklung der Grundsätze über Missheiraten.

Nachdem Pütter so den einen Grundpfeiler seines Systems aufgerichtet und gezeigt hat, dass der hohe Adel von vorne herein

---

[1] Das Verdienst, die Unterscheidung zwischen alten und neuen Fürsten historisch nachgewiesen zu haben, gebührt J. J. Moser (unter anderen „Von den teutschen Reichsständen" S. 537—550); bei ihm kommt der Unterschied für unsere Lehre aber nicht in Betracht. Bei Pütter darüber: Institutiones juris publici germ. § 78 f.; Unterschied der Stände S. 186 ff.

[2] Missheiraten S. 455 ff.; 462.

[3] Nach Pütter, Unterschied der Stände S. 140 ff., sind unter den neufürstlichen Familien zu unterscheiden:
  a) Neufürstl. Familien im engeren Sinn, welche seit 1582 Virilstimmen im Fürstenrat erhalten haben. Diese können sein
    α) Altgräfliche Familien, z. B. Hohenzollern.
    β) Früher dem nicht reichsständischen Adel angehörige Familien, z. B. Lichtenstein.
  b) Neufürstl. Häuser, die trotz des Fürstentitels nur an Curiatstimmen in einem Grafencolleg teilnahmen, z. B. Lippe. Diese rechnet P. „in sensu juris publici" zu den Grafen.
  c) Neue Fürsten, die nur den Titel ohne Reichsstandschaft haben.

einen besondern Geburtsstand gebildet habe, sucht er weiter nachzuweisen, dass dieser Geburtsstandesunterschied auch stets eine Ungleichheit der Ehen mit sich gebracht habe. Bei der Ausführung dieses Nachweises ist er in einen Fehler verfallen, welcher mit der erwähnten Zurückführung des hohen Adels auf die altgermanischen nobiles zusammenhängt. Schon zur Zeit der alten Volksrechte sollen die Ehen der Adligen, also der Herrschenden, mit den gewöhnlichen Freien, ebenso wie die der Freien mit den Unfreien, als Missheiraten angesehen und demgemäss behandelt sein[1]). Pütter giebt zwar zu, dass in den Volksrechten nur die Ehen zwischen Freien und Unfreien als verboten und strafbar bezeichnet seien, aber er vermutet, dass man die Ehen zwischen den Edlen und Freien nur deshalb nicht erwähnt habe, weil diese für den einzelnen Volksstamm weniger in's Gewicht gefallen seien[2]), eine kaum berechtigte Vermutung, da die Volksrechte im Allgemeinen von den Edlen keineswegs schweigen. Vor allem stützt Pütter seine Annahme auf die bekannte Stelle der translatio St. Alexandri aus dem 9. Jahrhundert[3]). Es ist aber sehr bestritten, wie weit man diesem Bericht Glauben schenken darf[4]); im besten Fall wird er den Beweis eines Sonderrechts bei dem sächsischen Stamm liefern, bei welchem der Adel noch am längsten eine bedeutendere Rolle spielte[5]). Neben dem Schweigen der Volksrechte lässt auch die Praxis bei den Vermählungen der herrschenden Geschlechter jener ältern Zeit erkennen[6]), dass man die Ehen dieser mit den andern Freien keineswegs als Missheiraten betrachtete, wenn die ersteren auch naturgemäss die Verbindungen mit andern regierenden Familien vorzogen. Ebenso wenig wie in der vormittelalterlichen Zeit in Deutschland ein Geburtsunterschied zwischen den verschiedenen Klassen der Freien anerkannt war, ebenso wenig gab es zwischen ihnen rechtlich unvollkommene

---

1) Missheiraten S. 7 ff.
2) a. a. O. S. 10.
3) P. entnimmt sie der historia ecclesiastica des Adam von Bremen lib. I cap. 6. Missheiraten S. 12, Anm. p. Die Aufzeichnung stammt aus dem Kloster Fulda und wird jetzt nach ihrem Verfasser Rudolf und seinem Fortsetzer Meginbard citirt: Mon. Germ. SS. II 675 ff. Die hier interessirende Stelle das. S. 675, abgedruckt bei Kraut § 41 n. 1.
4) Zoepfl, über Missheiraten S. 4 Anm. Nach einigen soll sich die Strafdrohung nur auf Ehen zwischen Freien und Unfreien beziehen, so Heusler, Institutionen I § 38 Anm. 1; eine andere Ansicht bei Brunner § 32 Anm. 18.
5) Beseler, deutsches Privatrecht II § 176 Anm. 2.
6) H. Schulze, Thronfolge und Familienrecht der ältesten germanischen Königsgeschlechter in der Zeitschrift für Rechtsgeschichte Bd. VII S. 323 ff.

Ehen. Der erste Irrtum Pütter's hängt mit seinem zweiten nahe zusammen. Des Weiteren sucht Pütter auszuführen, dass auch im Sachsenspiegel die Geltung des Ebenbürtigkeitsprincipes für die Ehen zwischen den verschiedenen Ständen der Freien anerkannt sei¹). Die Bestimmungen des Sachsenspiegels haben grade in dieser Beziehung zu manchen Controversen Anlass gegeben. Auch Pütter meint von seinem Standpunkt aus, dass „der Compilator des Sächsischen Landrechts hier, wie an mehr anderen Stellen, von Einflüssen des canonischen und römischen Rechts schon nicht ganz frei geblieben"²) sei. Im Allgemeinen aber dürfte jetzt doch festgestellt sein³), dass der Sachsenspiegel auch hier den älteren Standpunkt vertritt und das Ebenbürtigkeitsprinzip für die Ehen zwischen den verschiedenen Ständen der Freien, welche er unterscheidet, wenigstens für das Landrecht nicht anerkennt. Im schwäbischen Landrecht finden wir dagegen die Semperfreien als vollkommen abgeschlossenen Geburtsstand und das Ebenbürtigkeitsprinzip für ihre Ehen in voller Geltung⁴).

Wenn Pütter aber auch irrtümliche Ansichten über die Entwicklung des Ebenbürtigkeitsprinzips in der älteren Zeit hatte, so kann man ihm daraus nicht mit Zoepfl⁵) einen grossen Vorwurf machen und ein Hineintragen vorgefasster Ansichten in die Quellen schuld geben. Die Irrtümer Pütter's waren naheliegend und verzeihlich; noch viel später haben andere bedeutende Gelehrte ähnliche Ansichten verteidigt⁶). Auch fühlte Pütter, dass die alten Quellen, welche nur von Ehen zwischen Freien und Unfreien sprechen, keineswegs einen sicheren Beweis lieferten für die Ehen zwischen den verschiedenen Ständen der Freien, dass man daraus aber wohl ein allgemeines „odium matrimonii inaequalis universe genti nostrae proprium" entnehmen könne⁷). Wenn er dann weiter ausführt, dass sich dieses odium auf die Verbindungen

---

1) III 72 „bass geboren" ist unrichtig mit: niedriger geboren übersetzt (Missheiraten S. 354 Anm. r), während es grade umgekehrt: besser, höher geboren heisst.

2) a. a. O. S. 20.

3) R. Schröder, zur Lehre von der Ebenbürtigkeit nach dem Sachsenspiegel in der Zeitschrift für Rechtsgeschichte Bd. III S. 461 ff.

4) Schwäbisches Landrecht c. 70 (Laasberg): ez ist niemen semper vri wan des vater und muoter und der vater und der muoter sempaer vri waren.

5) Missheiraten S. 11 und sonst.

6) Savigny in seinem Beitrag zur Rechtsgeschichte des Adels im neueren Europa (1836) verteidigt die ursprüngliche Geltung des Ebenbürtigkeitsprinzips für die Ehen des Adels mit anderen Freien bei den germanischen Stämmen S. 36.

7) Primae lineae j. privati principum S. 55.

zwischen dem hohen und niederen Adel wegen der Ministerialität des letzteren[1]) übertrug, so wird man ihm darin für das spätere Mittelalter nur beistimmen können. Schloss sich seit dem 13. Jahrhundert der hohe Adel als ein besonderer Geburtsstand ab und fand das Ebenbürtigkeitsprinzip seitdem Anwendung auf seine Ehen mit anderen Freien, so lag kein Grund vor für den niederen Adel eine Ausnahme anzuerkennen, zumal er doch zum grossen Teil aus den Ministerialen d. i. ursprünglich unfreien Dienstmannen hervorging und also neben freien unfreie Elemente in sich barg.

§ 12. Erhaltung des strengen Ebenbürtigkeitsprinzips.

Des Weiteren sucht Pütter auszuführen, wie sich im Gegensatz zu dem alles überflutendem römischen Recht das Ebenbürtigkeitsprinzip für die Ehen des hohen Adels erhalten habe. Er vertritt dabei wie überhaupt in seinen Schriften die Ansicht, dass es zweierlei gemeines Recht in Deutschland gäbe[2]), einmal das römische und dann das deutsche, welches wesentlich aus Gewohnheitsrecht bestände, im Uebrigen aber als gemeines Recht dem römischen vollkommen gleichwertig sei. Falsch sei es, das deutsche Recht nur als einen usus modernus[3]), als Abweichung vom römischen Recht zu betrachten. Allerdings seien die meisten deutschen Rechtsinstitute dem römischen Recht und dem Uebereifer der römischrechtlich gebildeten Rechtsgelehrten zum Opfer gefallen. Aber gerade dem hohen Adel sei es gelungen[4]), kraft der Stellung seiner Mitglieder einmal als Territorialherren in ihren Ländern und dann als Reichsständen im deutschen Reich, ohne deren Einwilligung kein neues Reichsgesetz erlassen werden konnte, in seinem Privatfürstenrecht seine alten deutschen Rechte und Gewohnheiten zu erhalten. So enthalte auch das Ebenbürtigkeitsprinzip deutsches gemeines Recht für die Ehen der hochadligen Personen; das römische Recht komme darauf also nicht einmal als subsidiäres Recht zur Anwendung[5]).

Im Einzelnen geht Pütter dann die Fälle durch[6]), in welchem

---
1) Missheiraten S. 392. Auch Rechtsfälle Bd. III Th. 2 S. 804 a. 7.
2) Beiträge zum t. Staats- und Fürstenrecht II S. 68 ff.
3) Beiträge II S. 79 f.
4) Beiträge II S. 112; 161. Missheiraten S. 193.
5) Beiträge II S. 114.
6) Missheiraten S. 29 ff.

sich reichsständische Herren mit Damen unter ihrem Stande vermählten. Es würde zu weit führen, ihm überall zu folgen; manche Fälle sind bestritten und wegen der besonderen bei ihnen in Betracht kommenden Verhältnisse auszuscheiden. Im Ganzen aber gewinnt man den Eindruck, dass das Ebenbürtigkeitsprinzip im hohen Adel lebendig blieb. Das zeigen die Streitigkeiten, welche sich fast an jede Missheirat knüpften, zeigen die Standeserhöhungen, um welche man in solchen Fällen nachzusuchen pflegte, zeigt die morganatische Eingebung vieler solcher Ehen, zeigen vor allem die Hausgesetze, durch welche die hochadligen Familien ihre Rechte zu wahren suchten. Alle diese Gründe erbringen keinen unumstösslichen Beweis, aber Pütter war ganz im Recht, wenn er von dem einmal eingenommenen Standpunkt aus darin ein Fortbestehen der alten Ebenbürtigkeitsgrundsätze erkennt.

In seiner Besprechung der Wahlcapitulation von 1742 kommt Pütter ebenso wie Moser zu der Ansicht, dass unter den „unstreitig notorischen Missheiraten" nur die Ehen zwischen Herren aus reichsständischen Häusern und bürgerlichen Damen zu verstehen seien [1]). Aber er bemerkt mit Recht, dass man es habe unentschieden lassen wollen, ob auch die Ehe eines solchen Herrn „mit einer adelichen Ehegattin für eine Missheirat zu halten sey" [2]). Die Entscheidung dieser Frage bildet den Hauptinhalt seines Werkes über die Missheiraten. Vor allem sucht er nachzuweisen, dass sich der ursprüngliche Geburtsstandesunterschied zwischen dem hohen und niedern Adel erhalten, und ein neues Herkommen bezüglich der Ehen mit den letzteren, wie Moser es behauptete, nicht gebildet habe. Als Erfordernis eines solchen verlangt er eine stillschweigende Einwilligung des gesamten hohen Adels [3]). „Wenn auch noch so viele Häuser in jenem Falle (scil. für das neue Herkommen) wären, und nur ein einziges darauf beharrte, den alten Grundsätzen des Teutschen Fürstenrechts treu zu bleiben, würde man diesem wider seinen Willen das Gegenteil nicht aufdringen können" [4]). Auch die Urteile der Reichsgerichte, welche für die Standesmässigkeit der Ehen zwischen hohem und niederem Adel sprechen, konnten kein neues Recht begründen [5]).

---

1) Missheiraten S. 321 f.: dabei betont er, dass die Wahlcapitulation kein neues Recht geschaffen habe, sondern nur eine Bestätigung des alten Herkommens enthalte. S. 282. Auch Rechtsfälle Bd. III Th. 3 S. 818 § 13 f.
2) Missheiraten S. 323.
3) a. a. O. S. 409; Primae lineae S. 56.
4) Missheiraten S. 410.
5) Primae lineae S. 56: „nec enim sufficit unum alterumve judicatum cae-

Denn das ist eine Rechtsfrage, in welcher Kaiser und Reich noch nicht einig sind. „Gesetzt nun, die Reichsgerichte sprechen nach dem Sinn und zum Vorteil des kaiserlichen Hofes; — werden solche Urteile das Recht selbst auf jene Seite lenken? — So würden Gerichte zu Gesetzgebern werden"[1]). Jene Fälle, auf welche die Gegner sich stützten, würden nur ein Herkommen für die einzelnen Häuser haben begründen können. In dieser Beziehung macht Pütter einen wichtigen Unterschied zwischen den altfürstlichen Häusern einerseits und den neufürstlichen und gräflichen Häusern andererseits. Inbetreff der altfürstlichen Häuser nämlich leugnet er überhaupt, dass in irgend einem von ihnen ein Herkommen zu Gunsten des niederen Adels entstanden sei[2]). Die Fälle, in welchem thatsächlich Kinder aus Ehen mit Damen von niederem Adel zur Succession gekommen seien, hätten nur wegen besonderer Umstände, welche die Agnaten veranlassten, keinen Widerspruch zu erheben, diesen günstigen Ausgang genommen. Aus ihnen dürfte man daher kein Herkommen ableiten wollen. Hier führt Pütter auch den wichtigen Grundsatz der Ebenbürtigkeitslehre an, dass, wenn einmal eine fürstliche Ehe, die an sich eine Missheirat sei, von den Agnaten als vollgültig anerkannt wäre, man den Nachkommen aus dieser Ehe nicht mehr den Vorwurf machen könne, sie seien aus einer Missheirat entsprossen[3]). Die letzteren sind deswegen nicht verpflichtet, auch ihrerseits solche Ehen wie jene, aus der sie abstammen und welche durch besondere Einwilligung der Agnaten vollwirksam wurde, für die Folgezeit als standesmässig anzusehen.

Während Pütter so für die altfürstlichen Familien allgemein das Festhalten an dem strengen Ebenbürtigkeitsprinzip behauptet, erkennt er dagegen an, dass bei manchen gräflichen und neufürstlichen Familien die Ehen mit Personen von niederem Adel kraft eines milderen Herkommens standesmässig seien[4]). Aber es ist wohl zu beachten, dass er auch für diese Familien ein allgemeines Herkommen zu Gunsten des niedern Adels nicht zugiebt. Er führt vielmehr aus, dass der alte Grafenstand mit dem alten Fürstenstand ganz gleiche Grundsätze gehabt habe, dass aber infolge der Standeserhöhungen, durch welche einerseits viele der alten Grafen

---

sarcum, quo, quam clare constat, e quonam fonte profluxerit, tam parum everti potuit autonomia familiarum illustrium" — —

1) Beiträge zum Teutschen Staats- u. Fürstenrecht II 225.
2) Missheiraten S. 411 ff.
3) Missheiraten S. 414.
4) a. a. O. S. 435 ff.; Rechtsfälle Bd. III 794 ff.

zu Fürsten, andererseits viele Adlige zu Grafen geworden seien, der Unterschied zwischen dem Grafenstand und dem niederen Adel verwischt sei. In manchen Gegenden erkennten die Grafen die Reichsritter als standesgleich an, in andern sähe man mehr auf die Zahl der Ahnen als auf wirklichen hohen Adel. Aber „wenn gleich alle gräfliche oder auch neufürstliche Häuser in Schwaben und Franken Vermählungen mit Adeligen für standesmässig gelten lassen, so können doch die Wetterauischen Grafen dabei beharren, sie in ihren Häusern als Missheiraten anzusehen"[1]. So kommt Pütter zu dem Schlusse, ein gemeines neues Herkommen lasse sich nicht beweisen; vielmehr sei zu untersuchen, ob in dem einzelnen gräflichen Hause sich ein solches gebildet habe. „In jedem altgräflichen und neufürstlichen Hause, wo durch Beispiele und Hausgesetze noch nicht das Gegenteil gebilligt ist, würde ich es noch immer als die Regel ansehen, dass Heiraten mit Personen vom Adel allerdings Missheiraten seien" (Missheiraten S. 444)[2]. An einzelnen Hausgesetzen und anderen Kennzeichen sucht Pütter auch noch zu zeigen, dass unter den Grafen und neuen Fürsten die Stimmung den Verbindungen mit dem niederen Adel keineswegs günstig sei.

§ 13. **Andere Gründe Pütters für seine Ansicht.**

Sein Resultat[3] sucht Pütter noch mit manchen andern Gründen zu stützen. So führt er aus, dass Prinzessinnen, welche sich mit einem hochadligen Herrn verheirateten, ihren Geburtstitel (Königliche Hoheit oder Durchlaucht) behielten, während dieses bei ihrer Verbindung mit einem Herrn vom niederen Adel nicht der Fall sei; auch würden sie in letzterm Falle die übliche Fräuleinsteuer nicht erhalten[4]. Ein sicherer Schluss von den Ehen der hochadligen Damen auf die solcher Herren lässt sich aber kaum machen. Es war sehr wohl möglich, dass man für die ersteren strengere Grundsätze festhielt, weil sie durch solche Ehen unter ihrem Stande zu ihrem Gemahl hinabsteigen.

---

1) Missheiraten S. 443 f.
2) So auch Rechtsfälle III 8, 795.
3) Auch bezüglich der Ebenbürtigkeit ausländischer Familien stellt P. dieselben strengen Grundsätze auf und betrachtet nur Ehen mit Mitgliedern solcher ausländischen Häuser als standesgemäss, die „wie Teutsche Fürsten Land und Leute zu regieren haben". Auf die Herkunft solcher Häuser soll es dabei nicht ankommen, sondern die erbliche Regierung ganzer Staaten soll „den Abgang erhabener Ahnen ersetzen". Missheiraten S. 465 f.
4) Missheiraten S. 855, 859.

P. weist ferner darauf hin, dass die Ehen zwischen Herren von hohem Adel und Damen von niederm Adel meist morganatisch eingegangen wurden[1]). Er geht davon aus, dass eine solche vertragsmässige Eingehung nur bei Ehen möglich sei, welche an sich Missheiraten wären, weil bei einer vollwirksamen Ehe die Eltern nicht durch Vertrag den Kindern ihr Successionsrecht nehmen oder beschränken könnten.

Die morganatische Ehe hat darnach also eine Missheirat zur Voraussetzung[2]), während z. B. Moser (oben S. 21) die Ansicht vertrat, dass der hohe Adel auch Ehen, welche an sich keine Missheiraten seien, morganatisch eingehen könnte. Die Controverse ist auch heute noch nicht entschieden[3]). Aus der von Pütter angerufenen Stelle des longobardischen Lehenrechts II F. 29: „Quidam habens filium ex nobili conjuge — — aliam minus nobilem duxit"[4]), könnte man höchstens das Erfordernis einer Standesungleichheit der Ehegatten entnehmen. Missheiraten im Rechtssinn zwischen nobiles und minus nobiles waren damals in Italien nicht anerkannt[5]). Aber es ist sehr wohl möglich, dass das Institut der morganatischen Ehen in der Folgezeit in Deutschland, wo es nur für die Ehen des hohen Adels noch Geltung behielt, sich auch dahin beschränkte, dass nur d i e Ehen des hohen Adels morganatisch geschlossen werden konnten, welche schon an sich die Wirkung vollkommener Ehen entbehrten[6]). Mit Recht betont Pütter, dass adlige Damen sich kaum so häufig bereit erklärt haben würden, für sich und ihre Kinder auf die vollen Wirkungen ihrer Ehe mit einem Fürsten vertragsmässig zu verzichten, wenn solche Ehen nicht schon an sich als Missheiraten

---

1) Missheiraten S. 361.

2) a. a. O. S. 362: „das verneinende in Ansehung aller Ansprüche der Ehegattin auf Stand und Würde des Gemahls, und der Kinder auf Stand und Würde des Vaters, wäre von selbst schon in Rechten ausgemacht. Nur das bejahende, was sowohl Gemahlin als Kinder vor Namen, Titel, Stand und Wappen führen, und was sie zum Unterhalt haben sollen, erheischt eine vertragsmässige Bestimmung".

3) cf. unten § 27.

4) a. a. O. S. 362.

5) Brunner, Art. Morganat. Ehe (Holtzendorff, Rechtslexikon II 804) weist nach, dass das Institut dadurch entstanden sei, dass die Kirche gewisse erlaubte Concubinate als Ehen anerkannt habe, ohne dass diese dadurch rechtlich vollwirksame Ehen geworden seien.

6) Dagegen gestattete das Preussische Landrecht II, 1 § 836 bekanntlich allen Männern höheren Standes mit landesherrlicher Erlaubnis die Eingehung einer Ehe zur linken Hand.

behandelt wären. Dass ein solcher Verzicht für die Kinder bei einer standesgemässen Ehe überhaupt unwirksam sein würde, wird man mit Pütter nicht von vorne herein behaupten können. Eine dahin gehende Befugnis als ein Sonderrecht des hohen Adels wäre nicht unmöglich, wenn sie auch den allgemeinen Rechtsgrundsätzen widersprechen würde, wie das ja aber bei der ganzen Lehre von den Missheiraten der Fall ist.

§ 14. Wirkung der Standeserhöhungen und Heilung der Missheiraten.

War der hohe Adel ein durch Reichsstandschaft und Landeshoheit ausgezeichneter Geburtsstand, so reichte eine kaiserliche Standeserhöhung nicht aus, um jemanden in den hohen Adel zu versetzen. Legte der Kaiser also einer Dame aus dem Bürgerstand oder von niederem Adel den Grafen- oder Fürstentitel bei, so gehörte sie doch nur zum niederen Adel, ihre Ehe mit einem hochadligen Herrn blieb eine Missheirat[1]. Wie aber wenn der Kaiser ausdrücklich eine solche Ehe für vollwirksam, die Kinder aus derselben für successionsfähig erklärte[2]? Auch abgesehen von der Wahlcapitulation von 1742 leugnet Pütter die Wirksamkeit einer solchen Erklärung überhaupt, denn dem Kaiser stehe das Recht der Standeserhöhung nur insoweit zu, als es Dritten nicht zum Nachteil gereiche, insonderheit ihre wohlerworbenen Rechte nicht berühre[3]. Die Bestimmung der Wahlcapitulationen, dass der Kaiser nicht zum Nachteil alter Häuser neue Fürsten und Herren mit höhern Titeln begeben solle oder ohne Consens der Stände keinem Sitz und Stimme im Fürstenrat verleihe (I. R. A. § 197), bestärkten nur, was sich schon aus der Natur der Sache ergäbe[4]. Dasselbe gelte auch von dem art. 22 § 4 der Wahlcapitulation von 1742. Und wenn unter ihren unstreitig notorischen Missheiraten nur Ehen mit bürgerlichen Personen zu verstehen sind, so müsste nach Pütter infolge der aus der Natur der Sache

---

1) Missheiraten S. 455 ff.
2) Es ist zu unterscheiden: 1) eine einfache Standeserhöhung. Diese konnte richtiger Ansicht nach Erwerb des hohen Adels nicht mit sich bringen. 2) ein kaiserliches Diplom, welches eine Frau für ebenbürtig, eine Ehe für standesmässig, die Kinder für successionsfähig erklärte z. B. das Diplom von 1727 für die Kinder des Herzogs Anton Ulrich von Sachsen-Meiningen bei Pütter, Missheiraten S. 247.
3) a. a. O. S. 456.
4) das. S. 457 f.

sich ergebenden Beschränkungen der Kaiser auch die aus einer nicht notorischen Missheirat entsprossenen Kinder (also aus einer Ehe mit einer Dame von niederem Adel) nicht für successionsfähig erklären können. Mit diesen Behauptungen dürfte Pütter doch zu weit gehen. Bevor jene Beschränkungen des kaiserlichen Rechts in die Wahlcapitulationen aufgenommen wurden, übte der Kaiser es unbeschränkt aus. In früherer Zeit konnte er sicher Sitz und Stimme im Fürstenrat verleihen[1]). Was hätte es für einen Sinn gehabt, dass man gerade bei Missheiraten so häufig um ein kaiserliches Dekret nachsuchte, welches die Ehe für eine vollwirksame und die Kinder für successionsfähig erklärte?[2]) Dass Pütters Ansicht von der rechtlichen Bedeutungslosigkeit solcher Dekrete auch starke Gegner hatte, zeigen die Streitigkeiten bei der Missheirat des Herzogs Anton Ulrich von Sachsen-Meiningen, sowie die Verhandlungen bei der Festsetzung der Wahlcapitulation von 1742. Ist nach Pütter eine kaiserliche Standeserhöhung nur ausgeschlossen, soweit sie zum Nachteil Dritter gereicht, so steht, wenn die Agnaten fehlen oder ihre Zustimmung erteilen, einer Standeserhöhung der unebenbürtigen Kinder nichts im Wege[3]). War der Consens der Erbberechtigten erteilt, so bedurfte es auch einer kaiserlichen Standeserhöhung nicht, um die Succession der unstandesmässigen Kinder zu ermöglichen, wenigstens soweit es sich nicht um ein Lehen handelte[4]). Moser dagegen verlangt neben dem Consens der Erbberechtigten eine kaiserliche Standeserhöhung zur Heilung der Folgen einer Missheirat[5]). Nach Aussterben aller Erbberechtigten steht nach Pütters Ansicht der Succession unebenbürtiger Descendenten nichts im Wege[6]). Mit dem Grundsatz der Ebenbürtigkeitslehre, dass die Kinder aus einer Missheirat überhaupt nicht zur hochadligen Familie gehören, steht das nicht in Einklang. Die Berufung darauf, dass Hausgesetze und morganatische

---

1) Beispiele bei Heffter, die Sonderrechte der souveränen und der mediatisirten vormals reichsständischen Häuser Deutschlands S. 11.
2) Oben S. 35 Anm. 2.
3) Missheiraten S. 369, 871: „Gesetzt endlich diejenigen, die der Succession unstandesmässiger Kinder zu widersprechen berechtigt wären, sind nicht mehr da, oder lassen von ihrem Widerspruch ab und geben vielmehr ihre Einwilligung dazu, dass sie für ebenbürtig und successionsfähig erklärt werden; — so steht auch der ganzen Nachkommenschaft einer solchen Ehe, ..., alsdann gar nichts mehr im Wege".
4) oder eine Erbverbrüderung im Wege stand. Missheiraten S. 369.
5) Oben S. 18.
6) cf. Anm. 3.

Verträge, die den unstandesmässigen Kindern häufig ein solches eventuelles Successionsrecht vorbehalten[1]), wenn alle Berechtigten zugestimmt haben, gültig sind, liefert keinen Beweis; denn in solchen Fällen beruht das Successionsrecht der unstandesmässigen Kinder allein auf dem Vertrage; ohne diesen wäre es nicht vorhanden.

§ 15. Hausgesetzliche Bestimmungen.

Besonderes Gewicht legt Pütter auf die Bestimmungen, welche in den Hausgesetzen der hochadligen Familien über die Standesmässigkeit der Ehen enthalten sind[2]). Das Recht der Autonomie über die Familienverhältnisse betrachtet er als ein altes Recht des hohen Adels, zu denen gehörig, in welchen der Kaiser nach der Wahlcapitulation die Reichsstände zu schützen versprach. Soweit die Hausgesetze Bestimmungen über Missheiraten enthalten, fixieren sie nach Pütter's Ansicht nur die alten, schon bestehenden Gewohnheiten[3]). Eine kaiserliche Bestätigung der Hausgesetze hält er nicht für erforderlich, wie er in seinen Rechtsfällen (Bd. I T. 4 S. 893, 894 und Bd. II T. 1 S. 47—51), bei Besprechung eines Truchsessischen und Limburgischen Successionsstreits eingehend begründet[4]). Wenn also der Kaiser vielfach Bestimmungen, welche Ehen zwischen Personen von hohem und niederem Adel für Missheiraten erklärten, seine Bestätigung verweigerte, so konnte das die reichsständischen Familien nicht hindern, trotzdem solche Bestimmungen rechtsgültig zu treffen. Ob freilich jene Hausgesetze, denen der Kaiser insoweit ausdrücklich die Bestätigung versagt hatte, ohne Weiteres auch in den nicht bestätigten Stellen als rechtsbeständig anzusehen seien, darüber lässt Pütter sich nicht aus. In Betreff des Inhalts der Hausgesetze hält er es für zulässig, einen hochadligen Herrn, welcher eine Missheirat eingeht, seines eigenen Erbrechts für verlustig zu erklären. „Dieses scheint wider den Grundsatz anzustossen, vermöge dessen in unsern reichsständischen Häusern das Recht der Erbfolge jedesmal unmittelbar vom ersten Erwerber herzuleiten ist, und dessen rechtmässigen ebenbürtigen Nachkommen nicht entzogen werden kann. Doch kömmt auf der andern Seite dagegen in Betrachtung, dass die Ordnung der Erbfolge von einem jeden für seine

---

1) Beispiele in Missheiraten S. 413.
2) Missheiraten S. 469ff.
3) das. S. 472.
4) Auch in den Beiträgen zum deutschen Staats- und Fürstenrecht II 179ff.

Nachkommen gewisse Bestimmungen erhalten kann; wie davon alle Primogeniturverordnungen zum Beweise dienen [1]."

§ 16. **Folgen der Missheirat; die Tendenz Pütters.**

Ausser den schon erwähnten Wirkungen der Missheirat führt Pütter als Einzelheiten noch an, dass unebenbürtige Gemahlinnen ihr Wappen nicht, wie sonst üblich, mit dem ihres Gemahls vereinigten, nur eine geringere Summe als Wittum und Morgengabe empfingen, und dass weder sie noch ihre Kinder in Hofkalendern angeführt wurden [2].

Diese und andere Ausführungen zeigen, mit welch grossem Interesse Pütter die Vorgänge in den deutschen Fürstenhäusern verfolgte und welche Kenntnis er in den Einzelheiten des Fürstenrechts besass. Es ist ihm aber nicht blos um die Erkenntnis des geltenden Rechts zu thun, er wirkt auch dafür, dass es dabei verbleibe und legt deshalb auch die politischen Gründe dar, die gegen die Aenderung des Herkommens sprechen. Er weist auf die finanziellen Lasten hin, die den deutschen Ländern erwachsen würden [3], wenn man die Ehen mit dem niederen Adel allgemein als standesmässig zuliesse: Prinzessinnen würden weniger Gelegenheit finden, sich zu vermählen, weil die Männer doch selten eine Frau über ihren Stand heirateten; hochadlige Herren die Ehen mit adligen Damen, welche sie jetzt morganatisch eingingen, als vollgültige schliessen und dadurch dem Lande erhöhte Kosten verursachen. Er weist ferner auf den Nepotismus hin, der bei einer Verschwägerung des Herrscherhauses mit adligen Unterthanenfamilien zu entstehen drohe, auf den Mangel an Achtung, der solchen Gemahlinnen von niederer Herkunft gegenüber doch nicht ausbleibe; — alles gewichtige Gründe, denen man aber wohl nicht minder schwerwiegende würde entgegensetzen können. Vor allem liegt es aber im politischen Interesse des hohen Adels selbst, die Verbindung mit dem niederen Adel zu meiden. Denn würden wohl, fragt Pütter, auswärtige Könige und Fürsten Damen aus deutschen hochadligen Familien heiraten, wenn sie dadurch mit einer adligen Familie verschwägert würden, und solche, die an andern Höfen als Hofcavaliere oder Edelknaben dienten, zu Oheimen oder Vettern bekämen? [4] Als nachahmenswerte Beispiele,

---

1) Missheiraten S. 476.
2) das. S. 377ff.
3) das. S. 422ff.
4) das. S. 429f.

wie selbst gräfliche Familien, welche streng auf Ebenbürtigkeit sehen, mit Monarchen in nahe verwandtschaftliche Beziehungen kommen könnten, führt er die Häuser Reuss und Leiningen an[1]) und schliesst in seinen „primae lineae" die Untersuchung über die Ebenbürtigkeit mit dem Rat: „Sed ob proximum sane periculum imminens suaserim cum universo ordini tum cuilibet familiae, ut cautius huic rei pactis legibusque familiae in antecessum prospiciatur[2])." Bei dem Ansehen, welches Pütter als erste Autorität des Fürstenrechts und als Lehrer so vieler hoher Herren genoss, konnte er wohl darauf rechnen, dass seine Mahnung in jenen Kreisen nicht ungehört verhallen würde.

§ 17. Rückblick auf die Ebenbürtigkeitsfrage.

So unverkennbar Pütter von der „Erhabenheit" der reichsständischen Familien durchdrungen war, so wird man doch nicht annehmen dürfen, dass er sich von diesen Gefühlen in seiner wissenschaftlichen Ansicht beeinflussen liess. Die Grundsätze seiner Theorie: der hohe und niedere Adel sind geschichtlich aus verschiedenen Grundlagen erwachsene Geburtsstände, und: das Ebenbürtigkeitsprinzip trennte den hohen Adel wie vom Bürgerstande so auch vom niederen Adel und hat sich im Allgemeinen bis heute so erhalten, wird man anerkennen, wenn man auch zweifeln mag, ob Pütter in manchen seiner Behauptungen nicht zu weit geht. Giebt man einmal zu, dass in früheren Zeiten nach dem Ebenbürtigkeitsprinzip die Ehen zwischen dem hohen und niederen Adel Missheiraten gewesen seien, so wird man Mosers Versuch, ein neues gemeines Gewohnheitsrecht zu Gunsten des niederen Adels zu beweisen, nur als verfehlt betrachten können.

Nachdem wir durch eingehende Untersuchung der Ansichten unserer beiden Publicisten einen Einblick in den Stand der Ebenbürtigkeitsfrage im vorigen Jahrhundert gewonnen haben, wird es nicht überflüssig sein, noch kurz auf einige darüber verbreitete Irrtümer, die in vielen Schriften wiederkehren, einzugehen. Zunächst findet sich die Behauptung[3]), die unstreitig notorischen

---

1) a. a. O. S. 452ff. Auch S. 480: hier empfiehlt er den Gebrauch einer Genealogie, in welcher nur ebenbürtige Mitglieder hochadliger Häuser angeführt sind „als ein anschaulich wirksames Mittel, um reichsständische Häuser von Missheiraten abzuhalten".

2) S. 56; § 26 Anm. f a. E.

3) Klüber, Abhandlungen und Beobachtungen I. N. VIII besonders S. 260ff. Aehnlich Zoepfl, Ueber Missheiraten S. 75f.; Runde, deut. Privatrecht § 574ff.;

Missheiraten der Wahlcapitulation von 1742 beträfen gemäss ihrer Veranlassung, und ebenso der Reichsschluss in Sachen des Herzogs Anton Ulrich von Sachsen-Meiningen nur die Ehen des hohen Adels mit bürgerlichen Personen; die Ehen desselben mit Personen von niederem Adel seien keine Missheiraten. Dieser Auffassung liegt die Ansicht zu Grunde, als ob die Missheiraten (zwischen freien Personen) erst durch die Wahlcapitulation in Verbindung mit jenem Reichsschluss geschaffen seien[1]). Dem widerspricht, dass das Institut der Missheiraten auch in früherer Zeit keineswegs unbekannt war. Besonders aber deutet der Wortlaut der Wahlcapitulation darauf hin, dass dieselbe keine unstreitig notorische Missheiraten schaffen wollte, sondern voraussetzte. Daneben zeigen die Verhandlungen auf dem Wahlconvent, sowie das churfürstliche Collegialschreiben[2]), dass man daneben auch noch „zweifelhaft scheinende Missheiraten" anerkannte. Gerade über sie wurde im vorigen Jahrhundert gestritten, wobei sich die Interessen des Kaisers (cf. oben S. 6) und die der reichsständischen Familien scharf gegenüberstanden.

Dieser Streit wird häufig so dargestellt, als ob neben einigen altfürstlichen Häusern nur Pütter für das strenge Ebenbürtigkeitsprinzip eingetreten sei. Besonders sucht Zoepfl[3]) die Meinung zu erregen, als ob Pütters Ansichten lediglich auf Hirngespinsten, die in dessen Kopfe entstanden seien, und auf tendenziöser Entstellung beruhten. Wie unrichtig das ist, geht schon daraus hervor, dass Pütter weder der einzige noch der erste Publicist war, der die strengen Grundsätze vertrat. Moser sagte im Jahre 1745, bevor Pütter überhaupt darüber sich ausgelassen hatte, von der Ehe eines Fürsten mit einer Dame von altem niederen Adel[4]): „die meiste und geschickteste neuere Staatsrechtslehrer halten es für ein Matrimonium juridice inaequale und die Kinder daraus für unsuccessionsfähig". Demnach war also die Ansicht Pütters sogar die herrschende. Unter anderen wurde sie in mehreren Schriften von J. G. Estor, dem Lehrer und väterlichen Freunde Pütter's vertreten, dessen Urteil auf Pütter gewiss nicht ohne

---

Entsch. des bayr. O.-A.-G. v. 27. Aug. 1841 bei Seuffert, Blätter für Rechtsanwendung Bd. 11 S. 267ff.

1) Ausführlich widerlegt diese Ansicht K. F. Eichhorn, Ueber die Ehe S. K. H. des Herzogs von Sussex mit Lady Augusta Murray, S. 130ff.
2) oben S. 5.
3) Ueber Missheiraten, S. 68.
4) T. Staatsrecht T. XIX S. 332.

Einfluss geblieben ist¹). Bedenklicher scheint eine weitere Ansicht, welche dahin geht, dass die Ehen zwischen hohem und niederem Adel im vorigen Jahrhundert keine Missheiraten gewesen seien, weil die Reichsgerichte sie regelmässig als vollwirksam anerkannt hätten²). Diese Urteile der Reichsgerichte, welche allerdings mit Ausnahme des oben S. 14 erwähnten Urteils des Reichshofrats vom Jahre 1726 in Sachen des Fräulein v. Ingersleben, der Gemahlin des Fürsten von Anhalt-Hoym, regelmässig für die Standesmässigkeit solcher Ehen sprechen, hätten allerdings damit kein neues Recht begründen können, so dass dadurch etwa das vorgesehene Reichsgesetz überflüssig geworden wäre; aber sie würden wohl wichtige Beweismittel für das Nichtvorhandensein eines Herkommens zu Ungunsten des niederen Adels abgeben können. Aber sehen wir uns die Urteile näher an! Es sind alles Entscheidungen des Reichshofrats³) ausser einem Urteil des Reichskammergerichts vom 12. Februar 1773. Das letztere⁴) erging in Sachen des Grafen von Lippe-Alverdissen, welchem die Ebenbürtigkeit und Successionsfähigkeit bestritten war, weil er aus einer Ehe seines Vaters mit einem Fräulein von Friesenhausen, einer Dame von altem niederen Adel, abstammte, gegen Lippe-Detmold. Es erkannte die Successionsfähigkeit des Klägers an. Schon vorher hatte der Vater desselben beim Reichshofrat auf Anerkennung der Successionsfähigkeit seiner Kinder aus jener Ehe mit dem Fräulein von Friesenhausen gegen Hessen-Cassel geklagt und im Jahre 1753 und 1754⁵) günstige Urteile erhalten. Der Graf von Lippe-Alverdissen hatte jene Ehe mit Fräulein von Friesenhausen im Jahr 1722 geschlossen; im Jahre 1751, als die Agnaten die Standesmässigkeit derselben bezweifelten, erwirkte er für seine Gemahlin eine Standeserhöhung vom Kaiser. Dieselbe erfolgte

---

1) „De ministerialibus" 1727; „Dissertatio de odio in matrimonia inaequalia" 1740 und die bei Pütter, Missheiraten S. 530, verzeichnete Schrift Estors von 1751. Ueber den Einfluss Estors auf Pütter vgl. Frensdorff, A. D. B. 26, 749f.

2) Diesen Grund giebt auch die Entscheidung des Reichsgerichts Bd. XXXII N. 38 an.

3) Ausser den oben S. 11—13 erwähnten Entscheidungen und den im Folgenden näher besprochenen in Sachen des Grafen Lippe-Alverdissen, werden noch Urteile des Reichshofrats von 1751, 1752 erwähnt, welche für die Standesmässigkeit der Ehe eines Grafen von Löwenstein-Wertheim mit einem Frl. von Stricicz entscheiden. Pütter, Missheiraten, S. 800f.; Moser, Familienstaatsrecht II, 107.

4) Ueber den Fall Pütter, Missheiraten, S. 267ff. Auch Rechtsfälle Bd. III, 852ff. Das Urteil des R.-Kammergerichts ist dort aber nicht erwähnt.

5) Das von 1753 erging in possessorio; 1754 wurde petitorisch erkannt.

und lautete dahin: „gleich als wenn sie von Geburt aus und zwar von ihren vier Ahnen, Vater-, Muttergeschlecht und Herkommen, eine rechtgeborene Reichsgräfin wäre, mit aller Gleich-, Voll- und Ebenbürtigkeit" [1]). — Eine notorische Missheirat, bei welcher der Kaiser nach dem Art. 22 § 4 der Wahlcapitulation von 1742 keine solche Standeserhöhung vornehmen durfte, war die Ehe mit einer adligen Dame nicht. War es da nicht ganz natürlich, dass die Reichsgerichte in den oben erwähnten Erkenntnissen von 1753 und 1773 sich nach dem kaiserlichen Diplom richteten? [2]) Ausser diesem einen Erkenntnis des Reichskammergerichts waren es nur Urteile des Reichshofrats, welche die Standesmässigkeit der Ehen zwischen dem hohen und niederen Adel anerkannten. Wie aber stand es mit der Rechtssprechung des Reichshofrats? In den meisten Fällen entschied das Gericht, das zugleich eine Verwaltungsbehörde war, selbst; in besonderen Fällen erstattete es vota ad imperatorem, Gutachten an den Kaiser, worauf dieser zu entscheiden hatte [3]). Aber auch auf die selbständigen Entscheidungen des Reichshofrats übte der Kaiser einen nicht geringen Einfluss aus. Wie hätte vollends in Prozessen über Missheiraten, wo das kaiserliche Interesse so entschieden auf Seite des niederen Adels stand, wo der Kaiser den hausgesetzlichen Bestimmungen zu Ungunsten des letzteren seine Bestätigung versagte, der Reichshofrat sich für die gegnerische Ansicht entscheiden sollen? Bezeichnend für die Auffassung, welche man im vorigen Jahrhundert von der Rechtssprechung des Reichshofrats in Bezug auf Missheiraten hatte, ist eine Stelle, welche Pütter aus einem Gutachten von 1779 anführt [4]): „Falls aber die Agnaten dissentiren und es zum Prozesse

---

[1] Laband, die Thronfolge im Fürstentum Lippe (1891) S. 24. — Wenn in dem Patent auch steht (nach Westrum, Zur Lippeschen Erbfolgefrage 1895 S. 16), diese Standeserhöhung sei nicht erforderlich gewesen, um die „Posterität successionsfähig zu machen", so war das eine Ansicht des Kaisers, welche an der Thatsache der Standeserhöhung nichts änderte.

[2] In dem oben S. 18 Anm. 3 erwähnten Gutachten hatte der Reichshofrat bereits offen seine Ansicht über die Wirkung einer kaiserlichen Standeserhöhung dargelegt.

[3] Solche vota ad imperatorem sollten in Justizsachen vor allem bei Stimmengleichheit und beim Vorhandensein wichtiger, den öffentlichen Rechtszustand betreffender Umstände ergehen. Danz, Grundsätze des Reichsgerichtsprozesses (1795) § 165 S. 270f. Der Missbrauch, der mit diesen vota ad imperatorem getrieben wurde, gab zu vielen Beschwerden Anlass. Eichhorn, deutsche Staats- und Rechtsgeschichte T. IV § 535.

[4] Missheiraten S. 537 (angeführt aus den Rechtsfällen von Selchow I (1782) S. 191).

kommt; so lässt sich auf einen gewissen Ausgang beim Reichshofrat keine Rechnung machen. Hat der Kaiser die Agnaten zu fürchten oder zu schonen, so wird wohl die Ehe für eine Missheirat erklärt, am Ende aber doch, wie bei Holsteinplön[1]), für dieselbe gesprochen. Im umgekehrten Falle hingegen wird die Ehe gemeiniglich aufrecht erhalten, besonders wenn die Gemahlin eine Standeserhöhung erhalten hat und also die Ehre des kaiserlichen Hofes mit im Spiele ist. Kurz hier entscheidet oft Hofluft mehr als Recht". Bedarf es nach diesem noch eines Beweises, dass der Reichshofrat in dieser Beziehung allein nach dem Willen des Kaisers entschied, so lässt vollends das Schreiben, welches Friedrich der Grosse an Kaiser Karl VII. nach der Wahlcapitulation von 1742 richtete, keinen Zweifel darüber: „Wir sollen auch aus Teutschpatriotischer Gesinnung ganz unvorgreiflich dafür halten, dass Eurer Kaiserlichen Majestät Reichshofrat sowohl als Reichshofcanzlei pro norma regulativa bei dieser Gelegenheit ein vor alles zu bescheiden seien, dass alle diejenigen fürstlichen Heiraten schlechterdings für ungleich zu achten (seien), welche mit Personen unter dem alten reichsgräflichen Sitz und Stimme in comitiis habenden Stande contrahiert werden — —"[2]). Friedrich II. geht also von der Voraussetzung aus, dass der Kaiser den Reichshofrat nach seinem Gutdünken bescheiden könne. Dieser Bescheid musste gemäss dem kaiserlichen Interesse allerdings in einem ganz anderen Sinne ergehen, als der König von Preussen wünschte.

IV. Einwirkung der Ereignisse im Anfang des 19. Jahrhunderts auf die Ebenbürtigkeitslehre.

§ 18. I. Die Rheinbundszeit.

Um die Bedeutung der Ebenbürtigkeitslehre auf Grund der bei Moser und Pütter gewonnenen Resultate **für das heutige Recht** festzustellen, ist zunächst zu untersuchen, welchen Einfluss die politischen Umwälzungen in Deutschland zu Anfang dieses Jahrhunderts auf unsere Lehre ausübten. Nachdem das deutsche Reich im Jahre 1806 zusammen gebrochen war, sahen einige[3]) auch die Lehre von den Missheiraten als hinfällig geworden an. Für

---
1) Oben S. 13.
2) Pütter Missheiraten S. 287f.
3) So Gönner in seinem Archiv für Gesetzgebung und Reform des jurist. Studiums Bd. I H. 2 (1806) S. 295ff.

die Rheinbundsstaaten wurden die Gesetze des alten Reichs durch Art. 2 der Rheinbundsakte ¹) ausdrücklich aufgehoben. Waren die Missheiraten erst durch die Wahlcapitulation von 1742, vielleicht in Verbindung mit dem Reichsschluss von 1747²) geschaffen, so lag der Schluss nahe, dass eine Beschränkung der Ehen des hohen Adels für die Folgezeit nicht mehr stattfinde³). Waren aber, wie gezeigt, die Ebenbürtigkeitsgrundsätze aus altem deutschen Gewohnheitsrecht erwachsen, gehörten sie zum deutschen Privatfürstenrecht, welches ebenso wenig wie das übrige deutsche Privatrecht und selbst das öffentliche Recht, soweit es nicht mit der Verfassung des alten Reiches in Verbindung stand, durch dessen Auflösung berührt wurde⁴), so war jene Folgerung durchaus unrichtig. Selbst Art. 2 der Rheinbundsakte wollte trotz seiner allgemeinen Fassung nicht mehr besagen. Mit dem Kaiser war auch das kaiserliche Recht der Standeserhöhung verschwunden; mit dem Reich die Reichsstandschaft. War die Reichsstandschaft auch ein wesentliches Merkmal des hohen Adels bisher gewesen, so hatten sich doch die Ebenbürtigkeitsgrundsätze nicht erst im Anschluss an die Reichsstandschaft entwickelt, wenn sie auch durch die schärfere Ausbildung der Formen der Reichsverfassung befestigt und bestimmter abgegrenzt wurden. Die Reichsstandschaft ermöglichte es den reichsständischen Häusern, sich im Besitz ihres besonderen Fürstenrechts zu erhalten, das durch die Reichsverfassung zugleich einen Schutz erhielt. Mit dem Wegfall des Mittels zur Wahrung der alten Familienrechte brauchten sie selbst noch nicht wegzufallen.

Etwas Anderes, was die Auflösung des Reiches und vor allem die Gründung des Rheinbundes im Gefolge hatte, war von entscheidenderer Bedeutung für den hohen Adel: die Subjicierung vieler reichsständischer Familien unter die Souverainetät solcher, die bisher ihre Genossen waren. Der ehemalige hohe Adel zerfiel damit in zwei Teile, in souveräne und mediatisierte Familien, Landesherren und Standesherren, Regierende und Unterthanen. Welchen Einfluss hatte diese Trennung auf die Ebenbürtigkeitsgrundsätze? Bei den souverän gewordenen Familien blieben die Fami-

---

1) Toute loi de l'Empire Germanique qui a pu jusqu'à présent concerner et obliger Leurs Majestés — — —, sera à l'avenir — — nulle et de nul effet.
2) Pütter, Missheiraten S. 291.
3) Klüber, Abhandlungen I 275.
4) Heffter, Beiträge zum deutschen Staats- und Fürstenrecht S. 53. H. A. Zachariae, deutsches Staats- und Bundesrecht I 163. Entscheidung des Reichsgerichts von 1890 bei Seuffert, Archiv Bd. 46 N. 167 S. 265.

liengesetze und -gewohnheiten in Kraft, soweit sie nicht mit der Verfassung des Reiches in Zusammenhang standen [1]). Sie hatten keinen Grund, jetzt nach Erlangung der vollen Herrschaft, mildere Ebenbürtigkeitsgrundsätze aufzustellen. Galten aber auch die Ehen mit Mitgliedern der mediatisierten Familien ferner als ebenbürtig? Allerdings bildeten sie jetzt nicht mehr einen Stand mit den souveränen Familien. Nach mittelalterlichen Ebenbürtigkeitsgrundsätzen hätte dieser Standesunterschied vielleicht zur Folge gehabt, dass die Ehen zwischen ihnen Missheiraten geworden wären. Aber zu Anfang unseres Jahrhunderts war das Ebenbürtigkeitsprinzip nur ein historisches Ueberbleibsel, fixiert und beschränkt auf den reichsständischen hohen Adel. Wenn jetzt ein neuer Standesunterschied innerhalb des hohen Adels sich geltend machte, so konnte er nicht mehr ohne Weiteres bewirken, dass die Ebenbürtigkeitsgrundsätze sich dieser Veränderung anpassten und die Ehen zwischen den durch den neuen Standesunterschied getrennten Familien Missheiraten wurden [2]). Wohl war es den souverän gewordenen Familien unbenommen, hausgesetzlich zu bestimmen, dass die Ehen ihrer Mitglieder mit Gliedern subjicierter Familien künftig nicht mehr als standesgemäss gelten sollten [3]). Gegen solche Bestimmungen wurden die Mediatisierten erst durch den Art. 14a der deutschen Bundesakte gesichert.

Was auf der anderen Seite die mediatisierten Familien betrifft, so hob auch hier die Mediatisierung an und für sich die Ebenbürtigkeitsgrundsätze nicht auf. Allerdings wurden diese Familien in eine Unterthanenstellung hinabgedrückt; aber die Rheinbundsakte (besonders Art. 27, 28 und 31) gewährte den „Princes ou Comtes actuellement regnans" eine Ausnahmestellung, indem es ihren Häuptern gewisse Hoheitsrechte non-essentiellement inhérens à la souveraineté und den Souveränen die benannten droits de souveraineté beilegte (Art. 27 und 26). Es war daher sehr wohl möglich, dass sich bei dieser bevorzugten Klasse von Unterthanen auch ein besonderes Familienrecht in Hausgesetzen und Gewohn-

---

1) Heffter, Beiträge S. 58ff.

2) Anderer Ansicht Göhrum II S. 871.

3) So bestimmte das interessante, im Geist des Napoleonischen Hausstatuts gehaltene, Württembergische Hausgesetz vom 1. Januar 1808 § 17: „Als standesmässige und ebenbürtige Ehen sind nur solche anzusehen, welche mit Prinzen und Prinzessinnen, die zu Kaiserlichen, Königlichen, Grossherzoglichen oder souveränen Herzoglichen Häusern gehören, geschlossen werden." H. Schulze, Hausgesetze III, 508.

heiten erhielt¹). Nur wurde dieses durch die Rheinbundsakte nicht garantirt. Die Souveräne, welchen das Recht der Gesetzgebung nach Art. 26 unbeschränkt zustand, hatten es in der Hand, die Familiengesetze der Mediatisierten aufzuheben und ihre Ehen völlig dem gemeinen Recht zu unterwerfen.

Dem entsprach auch die Praxis in den Staaten des Rheinbundes. In Bayern, Baden und im Grossherzogtum Hessen ergingen im Jahr 1807 Verordnungen²), nach welchen die bestehenden und künftig zu errichtenden Familiengesetze der Standesherren dem Landesherrn zur Einsicht und Bestätigung vorgelegt werden sollten. Wenn über das Familienherkommen hierbei auch nichts gesagt wurde, darf man doch schliessen, dass man daran nichts ändern wollte, so dass also in diesen Staaten die Missheiratsgrundsätze für die standesherrlichen Familien unverändert gelassen wurden. In Württemberg dagegen erging 1808 eine königliche Verordnung, welche alle Familiengesetze aufhob und bestimmte, dass in Successionsfällen nur das Württembergische Landrecht zur Anwendung kommen solle³). Weniger klar liegt der Rechtszustand in den Ländern, in welchen der code Napoléon ohne Weiteres eingeführt wurde⁴). Da das Eherecht dieses Gesetzbuchs mit den Grundsätzen der Missheiraten in schneidendem Widerspruch steht und sich überhaupt keine Anknüpfung für das Ebenbürtigkeitsprinzip in demselben findet⁵), wird man annehmen müssen, dass in diesen Staaten die besonderen Grundsätze für die Ehen der standesherrlichen Familien, wofern nicht ausdrücklich deren Aufrechterhaltung bestimmt wurde, verschwanden und das allgemein geltende Recht zur Anwendung kam⁶).

Diese ausserordentlichen Rechtsverhältnisse während der Rheinbundszeit besonders in Württemberg und den zuletzt erwähnten Ländern haben trotz der kurzen Zeit ihres Bestehens zu manchen

---

1) L. Pernice, de Principum Comitumque imp. germ. inde ab a. 1806 subjectorum mutata ratione (1827) S. XVIIff.

2) Pernice S. XXIIff.; Heffter S. 73ff. Aehnlich im Grossherzogtum Würzburg. Heffter S. 76f.

3) Heffter S. 79.

4) Hier kämen in Betracht: Nassau, das Grossherzogtum Berg, das Königreich Westfalen, sowie die im Dezember 1810 dem französischen Kaiserreich einverleibten Provinzen.

5) Entscheidungen des Königl. Obertribunals, 1850 Bd. 19, 232f.

6) Heffter, S. 77, behauptet, dass man in Nassau die Ebenbürtigkeitsgrundsätze stillschweigend habe bestehen lassen.

Rechtsfragen Anlass gegeben. Im Allgemeinen wird man als Grundsätze aufstellen können:

1. Alle Ehen, welche Mitglieder standesherrlicher Familien in jenen Staaten zu einer Zeit eingingen, in welcher dort die Ebenbürtigkeitsgrundsätze nicht galten, waren vollwirksam. Selbst wenn sie unter anderen Verhältnissen Missheiraten gewesen wären, verloren diese Ehen ihre volle Wirkung auch später nicht, als infolge der Bestimmungen der deutschen Bundesakte die zur Zeit des Reichs geltenden Grundsätze wieder hergestellt wurden. Denn die Wirkung einer Ehe ist nach dem zur Zeit ihres Abschlusses geltenden Recht zu beurteilen [1]).

2. Alle vorher eingegangenen Missheiraten wurden durch die Aufhebung der Ebenbürtigkeitsgrundsätze aus demselben Grunde noch nicht zu vollwirksamen Ehen. Besonders in den Rechtsverhältnissen der unstandesmässigen Frau und der vor jener Aufhebung geborenen unebenbürtigen Kinder änderte sich nichts, weil für sie das zur Zeit der Eheschliessung, beziehungsweise ihrer Geburt geltende Recht in Anwendung kommt. Dagegen wird man den während jener kritischen Zeit geborenen Kindern die vollen Rechte ebenbürtiger Kinder nicht versagen dürfen[2]); denn zur Zeit ihrer Geburt hatten die Ebenbürtigkeitsgrundsätze keine Geltung. Nachdem sie aber durch die deutschen Bundesakte und die ihr entsprechenden Gesetze der Einzelstaaten wieder eingeführt waren, hatten jene anfänglich als Missheiraten eingegangenen Ehen wieder vollständig die Wirkungen von solchen und die von jetzt an geborenen Kinder aus diesen Ehen müssen als nicht ebenbürtig ansehen werden[3]).

II. Die Bestimmungen des Art. 14 der deutschen Bundesakte.

§ 19. Der hohe Adel nach dem Art. 14.

Von grösserer Wichtigkeit als diese vorübergehenden Rechtszustände der Rheinbundszeit sind die Bestimmungen des Artikels 14 der deutschen Bundesakte vom 8. Juni 1815 für die Ebenbürtigkeitslehre geworden. Der Begriff des hohen Adels wird bekannt-

---

[1] Heffter S. 103.
[2] So auch Entscheidung des Königl. Obertribunals von 1860 Bd. 19 S. 229 ff.
[3] Heffter, Sonderrechte S. 126; Urteil des Reichsgerichts von 1890 in Seufferts Archiv Bd. 46 S. 261 ff.

lich an jener Stelle zum ersten Male gesetzlich verwendet[1]), während er bis dahin nur in der Litteratur eine Rolle gespielt hatte. Aber auch das Wort Ebenbürtigkeit wurde bis zum Jahre 1815 weniger häufig gebraucht. Die älteren Schriftsteller und Hausgesetze reden mehr von standesmässigen und gleichen Ehen, von standesmässigen Gemahlinnen und Kindern und stellen ihnen die unstandesmässigen oder aus einer Missheirat entsprossenen Kinder gegenüber. Aus der Bundesakte ging das Wort „Ebenbürtigkeit" in die Gesetze der einzelnen Staaten über, und jetzt spricht man allgemein von ebenbürtigen Gemahlinnen und Kindern und sogar von ebenbürtigen Ehen. Die rechtliche Bedeutung beider Begriffe „hoher Adel" und „Ebenbürtigkeit" war bestritten und gab Anlass zu manchen Streitfragen.

Bei der Auslegung des Art. 14 der Bundesakte wird man im Auge behalten müssen, dass die deutschen Fürsten auf dem Wiener Congress der Ansicht waren, man könne den Mediatisierten ihre Selbständigkeit nicht wiedergeben, aber man müsse im Uebrigen alles thun, um ihnen eine gewisse Gleichstellung mit ihren früheren Mitständen zu sichern[2]). Demgemäss behielt sogar Art. 6 der Bundesakte der Beratung der Bundesversammlung vor, „ob den mediatisierten vormaligen Reichsständen auch einige Curiatstimmen in Pleno zugestanden werden" sollten. Sie würden dann, wie ein kurhessisches Votum[3]) bemerkt, eine ähnliche Stellung haben wie die ehemaligen Personalisten, welche auch, ohne Territorialhoheit zu besitzen, Sitz und Stimme auf dem Reichstag hatten. Zutreffender wären die Mediatisierten den uralten gräflichen Häusern, wie Stolberg und Schönburg, zu vergleichen gewesen, welche sich trotz des Verlustes ihrer Reichsunmittelbarkeit ihre Reichsstandschaft und Ebenbürtigkeit mit den anderen reichsständischen Familien erhielten[4]). Von dieser Mitberechtigung in der Bundesversammlung wurde später abgesehen. Für unsere Lehre kommt

---

1) Art. 14 unter a) (die Bundesstaaten vereinigen sich dahin): Dass diese fürstlichen und gräflichen Häuser fortan nichtsdestoweniger zu dem hohen Adel in Deutschland gerechnet werden, und ihnen das Recht der Ebenbürtigkeit in dem bisher damit verbundenen Begriff verbleibt.

2) Dieses ist in einem preussischen Entwurf der deutschen Bundesakte vom 13. September 1814 deutlich ausgesprochen: „Billig sollten die mediatisirten ehemaligen Reichsstände mit den übrigen gleichgesetzt werden; da dieses aber ohne grosse Zerrüttungen nicht geschehen kann, so ist wenigstens alles Mögliche hier zu thun". Abgedruckt bei Göhrum II 374.

3) Abgedruckt bei Göhrum II 376.

4) Heffter, Beiträge S. 316—334.

es vor allem darauf an, Begriff und Umfang des hohen Adels nach der Bundesakte zu untersuchen.

Der Art. 14 sichert den fürstlichen und gräflichen seit 1806 mittelbar gewordenen Häusern „fortan nichtsdestoweniger", also obgleich sie mittelbar geworden waren, ihre Zugehörigkeit zu dem hohen Adel in Deutschland. Wer gehörte noch ausser ihnen dazu? Nach der Ansicht Pütters, welche auch zu Anfang dieses Jahrhunderts die herrschende war, bildeten den hohen Adel zur Zeit des alten Reiches die durch Territorialhoheit und Reichsstandschaft ausgezeichneten Häuser: diese waren nun infolge der oben erwähnten Ereignisse teils souverän, teils mittelbar geworden. Konnte man die ersteren auch jetzt noch zum hohen Adel rechnen? Es ist, da sie durch ihre Souveränität über jeden Adel ihres Landes erhoben waren, eine „staatsrechtliche Unmöglichkeit" genannt [1]), dass sie in einer Standesgleichheit mit ihren früheren Genossen, die jetzt ihre Unterthanen geworden waren, zurückgeblieben sein sollten [2]). Allerdings bildeten die landesherrlichen Familien jetzt politisch einen Stand über den mediatisierten; aber weshalb konnte man nicht einen Rest der alten Standesgleichheit für gewisse Rechtsverhältnisse festhalten und unter dem Begriff des hohen Adels Familien zusammenfassen, welche durch ihre sonstige Stellung getrennt waren? In ihrem eigenen Lande standen die souveränen Familien über allen Unterthanen; in Bezug auf ganz Deutschland rechnete man auch sie „fortan nichtsdestoweniger", also hier, obgleich sie souverän geworden waren, zum hohen Adel in Deutschland. Diese Auffassung ist auch durchaus die herrschende gewesen und geblieben [3]).

Die Bundesakte wollte den Umfang des hohen Adels nicht neu begrenzen, sondern den seit 1806 mittelbar gewordenen Fürsten und Grafen nur die Zugehörigkeit zu demselben garantieren. Wenn ausser den eben erwähnten souveränen und diesen mittelbar gewordenen Familien noch andere zum hohen Adel gehört hatten, wurde ihnen diese Zugehörigkeit durch die Bundesakte nicht genommen. Dies würde zutreffen bei den altreichsständischen

---

1) Klüber, Abhandlungen und Beobachtungen I, S. 290.

2) Uebrigens verloren auch die nicht regierenden Mitglieder der souveränen Familien durch die Auflösung des Reiches ihre frühere Reichsunmittelbarkeit und wurden Unterthanen des Familienhauptes. Zachariae, Staats- und Bundesrecht I 162.

3) Vor allem Eichhorn, Einleitung in das deutsche Privatrecht, S. 168 Anm. a, „der Ausdruck souveräner hoher Adel scheint — aus der Bundesakte gerechtfertigt werden zu können".

Familien, welche schon vor 1806 der Landeshoheit eines anderen Reichsfürsten unterworfen waren, aber trotzdem Reichsstandschaft und Zugehörigkeit zum hohen Adel sich erhielten; als solche werden genannt die Häuser Stolberg, Schönburg, Giech, Fugger, Solms-Wildenfels[1]). Dagegen würden, obgleich auch sie von der Mediatisierung betroffen wurden, diejenigen Familien nicht zum hohen Adel zu rechnen sein, bei welchen eines der denselben bedingenden Erfordernisse zur Reichszeit nicht vorhanden war, also die reichsritterschaftlichen Familien und diejenigen, welche, ohne zur Reichsritterschaft zu gehören, Landeshoheit, aber keine Reichsstandschaft besassen[2]). Die Personalisten, welche zur Reichszeit Reichsstandschaft, aber keine Landeshoheit hatten und deswegen nach der richtigen Ansicht, die auch Pütter (oben S. 26) vertrat, nicht zum hohen Adel gehörten, wird man auch ferner um so weniger dazu zu rechnen haben, weil sie von der Mediatisierung nicht betroffen wurden[3]).

Von besonderer Wichtigkeit ist die Frage, ob nach 1815 die Aufnahme neuer Familien in den hohen Adel möglich war. Die einzelnen Landesherren hatten zu einer Aufnahme in den hohen Adel Deutschlands offenbar kein Recht. Wenn daher der König von Bayern den Grafen von Pappenheim durch ein Rescript vom Jahre 1825[4]) den hohen Adel und die Ebenbürtigkeit zusicherte, obgleich diese Herren zur Reichszeit nicht zu dem reichsständischen hohen Adel gehört hatten[5]), so mochte das für die Rechtsverhältnisse der Grafen von Pappenheim in Bayern gewisse Wirkungen haben, aber die übrigen hochadligen Familien wurden dadurch nicht verpflichtet, die Grafen von Pappenheim als ebenbürtige Standesgenossen anzusehen. Aber auch die Bundesversammlung konnte eine Erhebung in den hohen Adel nicht vor-

---

1) Heffter, von einzelnen staatsrechtl. Anomalien in den deutschen Bundesstaaten in seinen Beiträgen S. 299ff. — Das Haus Fugger verlor erst im Jahre 1806 seine Landeshoheit, kurz vor Auflösung des Reiches, infolge freiwilliger Unterordnung unter die Krone Bayern. Heffter, Sonderrechte, S. 347.

2) z. B. die Grafen Bentinck. Heffter, Sonderrechte, S. 332ff. Zachariae, Staats- und Bundesrecht I 507ff.

3) Wenigstens nicht in ihrer Eigenschaft als Reichsstände. Es war wohl möglich, dass solche Personalisten reichsritterschaftliche Gebiete hatten, aber ohne eigentliche Territorialhoheit, z. B. die Grafen Neipperg. Heffter, a. a. O. S. 374. Insoweit traf auch sie die Mediatisierung.

4) Klüber, Abhandlungen I, S. 223f.

5) Die Grafen von Pappenheim hatten als Inhaber des Reichserbmarschallamtes Sitz, aber keine Stimme im Reichstag; ihr Gebiet war nur reichsritterschaftlich. Heffter, Sonderrechte, S. 378.

nehmen; es lag dies ausserhalb ihrer Competenz¹). Sie hatte nach Art. 63 der Wiener Schlussakte nur eine Aufsicht über die Durchführung der Bestimmungen des Art. 14 der Bundesakte und war bei Verletzung der hier gewährten Rechte eine Recursinstanz für die Mediatisierten. Bei Untersuchung ihrer Beschwerden konnte die Bundesversammlung auch gelegentlich in die Lage kommen, über die Zugehörigkeit einer Familie zum hohen Adel entscheiden zu müssen.

Für die Beantwortung unserer Frage ist auch Wert gelegt auf die Anmeldungen zu den Prädicaten, die nach den Bundesbeschlüssen vom 18. August 1825 und 13. Februar 1829 den Mediatisierten zustehen²). Die bei der Bundesversammlung von den einzelnen Staaten eingereichten Verzeichnisse, die die zu dem Prädikat Durchlaucht oder Erlaucht berechtigten Familien ihres Landes aufführen, sind keine zuverlässigen Zeugnisse³). Denn es wurden auch manche Familien angemeldet, welche nur als Personalisten oder überhaupt keine Reichsstandschaft besessen hatten, also nicht zum hohen Adel gehörten, z. B. die Grafen Pappenheim, Görtz. Harrach. Neipperg etc.⁴). Die Verzeichnisse wurden nicht geprüft und zu den Acten der Bundesversammlung genommen. Eine Anerkennung durch die Gesammtheit der Fürsten des deutschen Bundes lag darin nicht⁵).

Die Frage, ob heute die Aufnahme einer Familie in den hohen Adel erfolgen könne, ist ohne jede praktische Bedeutung⁶). Der hohe Adel ist ein historisch abgeschlossener Stand und umfasst nach der eben angestellten Untersuchung:

---

1) So auch eine Erwiderung an den Grafen von Bentinck seitens der Minister der vermittelnden Mächte: „Gehörte die gräflich Bentinck'sche Familie sonst zum hohen Adel . . . und stand ihr das Recht der Ebenbürtigkeit zu, so geniesst sie beide Vorzüge — auch jetzt noch; entbehrte sie dieselben früherhin, so können sie ihr auch gegenwärtig durch keine Erklärung der hohen Mächte verliehen werden." Protoc. der Bundesversammlung 1843 S. 482 (abgedruckt bei Zoepfl, Ueber hohen Adel und Ebenbürtigkeit S. 77 Anm.). Trotzdem erging am 12. Juni 1845 ein Bundesbeschluss, welcher der gräflich Bentinck'schen Familie die Rechte des hohen Adels zuerkannte. Zoepfl, a. a. O., S. 15.

2) Kraut, Grundriss § 39 N. 18, 19.

3) Die Anmeldungen wurden zu Protocoll genommen. Das Verzeichnis (Klüber, Oeffentliches Recht, Anhang N. IV, S. 888ff.) ist keine offizielle Liste der Standesherren, eine solche existiert nicht.

4) Klüber § 303 Note 9.

5) Anderer Ansicht Zoepfl, deutsches Staatsrecht. Bd. II, p. 307 N. IX.

6) Würde eine bisher nicht hochadlige Familie in Deutschland zur Souveränität gelangen, so würde sie damit auch in den hohen Adel eintreten.

1) die souveränen deutschen Fürstenhäuser,
2) die ehemals im Besitz von Reichsstandschaft und Landeshoheit befindlichen, seit 1806 mediatisierten Häuser,
3) einige altreichsständische, schon vor Auflösung des Reiches mittelbar gewordene Häuser.

§ 20. Das „Recht der Ebenbürtigkeit" nach Art. 14.

Nach den oben S. 49 angeführten Worten bestimmt B. A. Art. 14 unter a) weiter: „und ihnen das Recht der Ebenbürtigkeit in dem bisher damit verbundenen Begriff verbleibt". Die Worte „bisher" und „verbleibt" verweisen auf den Rechtszustand zur Zeit des alten Reichs [1]). Das Recht der Ebenbürtigkeit wird nicht definirt, sondern soll ebenso verstanden werden wie bisher. Aber was bedeutet „das Recht der Ebenbürtigkeit"? Die Klage [2]), dass das Vergleichungswort Ebenbürtigkeit hier absolut gebraucht sei ohne Hinzufügung dessen, dem jene Häuser ebenbürtig sein sollen, ist grundlos [3]): „Recht der Ebenbürtigkeit" ist objektiv zu verstehen; es umfasst das ganze Rechtsinstitut, welches sich an den Begriff der Ebenbürtigkeit anschliesst und besagt mehr, als wenn statt dessen jenen Familien nur die Ebenbürtigkeit mit den regierenden Familien zugesichert wäre. Es enthält nämlich:

1) die Zusicherung der Ebenbürtigkeit mit den regierenden Familien. Die Ehen zwischen Mitgliedern der letzteren und der standesherrlichen Familien sollen auch ferner als standesgemäss angesehen werden. Dadurch, dass der Bund dieses unter seine Garantie nahm, sollte verhindert werden, dass künftig Bestimmungen wie in dem Württembergischen Hausgesetz von 1808 (oben S. 45) getroffen wurden. Man hat sich dagegen gesträubt und gemeint [4]), es werde den Mediatisierten nur die Ebenbürtigkeit unter einander und das Recht, für Ehen mit Personen gewisser Stände die Vollwirksamkeit auszuschliessen, zugesichert. Wenn man aber den Begriff des hohen Adels wie oben geschehen fasst, dann ist damit schon eine Standesgleichheit der regierenden mit den standesherrlichen Familien gegeben, welche hier in ihrer Wir-

---

1) So wird es in einigen Landesgesetzen auch umschrieben, z. B. Badisches Edict vom 16. April 1819: „das Recht der Ebenbürtigkeit in dem nämlichen Begriff, der vor ihrer Mediatisierung damit verbunden war". Heffter, Beiträge, S. 84.
2) Klüber, Abhandlungen I 281ff.; Oeffentliches Recht § 308 Anm. g.
3) Gönrum II 388f.
4) Klüber, Abhandlungen I 286ff.; Oeffentliches Recht § 308 Anm. g.

kung auf die Ehen noch besonders zugesichert wird. Diese Auslegung wird auch unterstützt durch den Wortlaut der französischen Uebersetzung der Bundesakte („le droit de naissance égale avec les maisons souveraines") und der oben S. 51 erwähnten Bundesbeschlüsse von 1825 und 1829 („ein ihrer Ebenbürtigkeit mit den souveränen [1829 dafür „regierenden"] Häusern angemessener Rang und Titel"), wenn auch die französische Uebersetzung nicht von den Bundesgliedern anerkannt ist und daher kein gesetzliches Ansehen hat und jene Bundesbeschlüsse keine authentische Interpretation des Art. 14 enthalten [1]). Die herrschende Meinung hat auch stets diese Auslegung angenommen.

2) Das „Recht der Ebenbürtigkeit" hat auch eine Beziehung nach unten, d. h. Ehen mit nicht ebenbürtigen Personen entbehren unter Umständen der vollen Wirksamkeit. Auch insoweit soll das Recht der Ebenbürtigkeit in dem bisher damit verbundenen Begriff verbleiben. Durch die Mediatisierung war es, wie oben S. 44f. dargelegt, auch in dieser Beziehung nicht ohne Weiteres untergegangen. Wohl aber waren durch besondere Vorgänge, wie in Württemberg und im Königreich Westfalen, die Ehen der Standesherren dem allgemeinen bürgerlichen Recht unterworfen. Auch in dieser Beziehung sollte die Bundesakte den alten Zustand wiederherstellen und für die Zukunft sichern.

Aus dem vorher Gesagten ergiebt sich auch, dass man nicht mit Laband[2]) aus Bundesakte Art. 14 einen Schluss ziehen darf auf die Missheiraten der souveränen Familien. Da die Bundesakte die Ebenbürtigkeit der Standesherren mit den regierenden Häusern besonders anerkenne, ergebe sich, dass die Verbindungen der letzteren mit anderen Unterthanenfamilien Missheiraten seien, denn wenn auch die letzteren ebenbürtig sein könnten, hätte es der besonderen Festsetzung für die Standesherren nicht bedurft. Nun ist aber sehr wohl möglich, dass in einer regierenden Familie kraft Hausgesetzes oder Observanz auch Ehen mit Personen aus dem niederen Adel als standesgemäss anzusehen sind. Nur würden jene regierenden Familien immer für die Zukunft die Verbindungen mit dem niederen Adel für Missheiraten erklären können, während den Standesherren durch die Bundesakte das Recht der Ebenbürtigkeit zugesichert ist.

Schliesslich kommt noch eine andere Bestimmung der Bundesakte Art. 14 für uns in Betracht. Die Grundsätze über Miss-

---

1) Klüber, Abhandlungen I 58ff. und 809ff.
2) Die Thronfolge im Fürstentum Lippe S. 8f.

heiraten in der einzelnen Familie beruhten vor allem auf den Hausgesetzen und der Hausobservanz. Da die Hausgesetze in einigen Staaten während der Rheinbundszeit ebenso wie die Autonomie der Standesherren beseitigt waren, so sichert Art. 14 unter N. 2 den Mediatisierten die Aufrechterhaltung der Familienverträge und die Befugnis über ihre Güter und Familienverhältnisse verbindliche Verfügungen zu treffen. Es ist bestritten, ob sich der Schlusssatz: „Alle bisher dagegen erlassenen Verordnungen sollen für künftige Fälle nicht weiter anwendbar sein" nur auf die zuletzt erwähnte Befugnis der Autonomie oder auch auf die Aufrechterhaltung der Familienverträge bezieht [1]). Obgleich z. B. eine Erklärung des Preussischen Ministeriums der auswärtigen Angelegenheiten vom 27. Juni 1827 [2]) das Gegenteil annimmt, wird man sich doch wohl für die letztere Auslegung entscheiden müssen, so dass also auch für die einzelnen standesherrlichen Familien der Rechtszustand, wie er in ihren zur Zeit des Reiches bestehenden Hausgesetzen enthalten war, wiederhergestellt wurde [3]). Soweit in den aufgehobenen Hausgesetzen Bestimmungen über Ebenbürtigkeit enthalten waren, liesse sich deren Wiederherstellung auch schon aus den Worten „das Recht der Ebenbürtigkeit in dem bisher damit verbundenen Begriff" ableiten. Denn dieser Begriff war eben für die einzelne Familie in jenen Bestimmungen ihrer Hausgesetze und der Familienobservanz enthalten.

Zieht man nun das Resultat aus den besprochenen Einwirkungen der Ereignisse zu Anfang dieses Jahrhunderts auf die Grundsätze der Ebenbürtigkeitslehre, so ergiebt sich, dass die letzteren ebenso wie der Begriff und Umfang des hohen Adels aus den grossen Veränderungen jener Zeit in Deutschland im Wesentlichen unverändert hervorgingen.

V. Die Bedeutung der Lehre von der Ebenbürtigkeit für das heutige Recht.

§ 21. **Die Stellung der regierenden und mediatisierten Häuser des hohen Adels zu einander.**

Der Unterschied zwischen den souveränen und den mittelbar gewordenen Familien, welchen die Bundesakte Art. 14 zu über-

---

1) Für die erstere Ansicht z. B. Klüber, Abhandlungen I 83ff.; für die letztere u. A. Heffter, Beiträge, S. 89.
2) Abgedruckt bei Klüber, Abhandlungen I 148ff.
3) Zachariae, St. R. I 523.

brücken sucht, ist mit der Zeit um so fühlbarer geworden, je mehr in der späteren Generation die Erinnerung an die ehemalige Gleichstellung aller reichsständischen Familien dahin schwand. Die Gesetzgebung des neuen deutschen Reiches hat ungeachtet einzelner Anerkennungen bestehender standesherrlicher Vorrechte [1]) den Gegensatz auch in wichtigen Beziehungen zum rechtlichen Ausdruck gebracht und den souveränen Familien eine Exemtion von den Reichsgesetzen gewährt, wo sie die Standesherren ihren Bestimmungen unterwarf [2]). Gleichwohl besteht auch heute noch eine engere Standesgenossenschaft zwischen den souveränen und den mittelbar gewordenen deutschen Fürstenhäusern. Sie spricht sich vor allem aus in der Fortdauer bestimmter, für alle diese hochadligen Familien geltender Rechtsgrundsätze und Rechtsinstitute, welche man unter dem Namen des deutschen Privatfürstenrechts [3]) zusammenfasst. Dazu gehört auch das Institut der Ebenbürtigkeit und die sich an dasselbe knüpfenden Rechtssätze.

Die Garantie, welche der deutsche Bund den Rechten der Standesherren gewährte, ist mit dem Bunde hinweggefallen und von dem deutschen Reich nicht übernommen. Die Rechte haben nicht zu bestehen aufgehört, wenn sie auch nicht mehr mit besonderm Schutze umgeben und der Abänderung durch die Landes- und die Reichsgesetzgebung unterworfen sind [4]). Das gilt auch von dem Rechte der Ebenbürtigkeit. Das neue Oldenburgische Hausgesetz vom 1. September 1872 [5]) hat in dieser Beziehung bereits eine Einschränkung aufgenommen, dass eine Verbindung mit Mitgliedern eines standesherrlichen Hauses nur dann ebenbürtig sein soll, wenn auch in dem standesherrlichen Hause Ebenbürtigkeit fortdauernd als Erfordernis einer standesmässigen Ehe angesehen werde. Gelten demnach auch heute dieselben Grundsätze der Ebenbürtigkeitslehre wie bisher und zwar für die souveränen

---

1) Freiheit von der allgemeinen Wehrpflicht (R. G. v. 9. Nov. 1867), von der Einquartierungslast (R. G. v. 25. Juni 1868).

2) Einführungsgesetze zum Gerichtsverfassungsgesetz § 5; zur Civilprozessordnung § 5; zur Strafprozessordnung § 4; eine Exemtion der Standesherren in E. G. zum Gerichtsverfassungsgesetz § 7.

3) Auch das Reichsgericht hat das Fortbestehen eines „gemeinen deutschen Privatfürstenrechts" mehrfach anerkannt: Entsch. in Civilsachen Bd. II N. 39 S. 149; Bd. XII N. 125 S. 432; Bd. XXVI N. 26 S. 149 ff.; Bd. XXXII N. 38 S. 187 ff.

4) A. M. H. Schulze, Lehrbuch des deutschen Staatsrechts § 157 S. 401 f. Dagegen G. Meyer, Lehrbuch des deutschen Staatsrechts § 229 S. 679 und die Anm. 9 citierten Schriftsteller.

5) Artikel 9. Schulze, Hausgesetze II 454.

wie für die mittelbar gewordenen Familien, so ist es nicht richtig mit Laband¹) ein besonderes Recht der Ebenbürtigkeit für die souveränen Häuser zu construiren. Die Behauptung, dass für diese die Geltung des strengsten Ebenbürtigkeitsprinzipes durch die Bundesakte ausser Zweifel gestellt sei, ist schon oben S. 53 zurückgewiesen. Auch seither ist nichts geschehen, was eine solche Behauptung rechtfertigen könnte. Bei den regierenden wie bei den standesherrlichen Häusern ist, um die heute für sie geltenden Ebenbürtigkeitsgrundsätze festzustellen, auf die geschichtliche Entwicklung derselben zurück zu gehen.

In einer anderen mehr formellen Beziehung ist allerdings ein wichtiger Unterschied für die Ebenbürtigkeitslehre zwischen den regierenden und den nicht regierenden Häusern des hohen Adels zu machen. Wenn das Institut der Ebenbürtigkeit oben S. 55 in das Privatfürstenrecht verwiesen ist, so bedarf das einer wichtigen Einschränkung. Ein grosser Teil des ehemaligen Privatfürstenrechts ist in das Staatsrecht übergegangen²), damit der Familienautonomie entzogen und der Regelung durch die Landesgesetzgebung unterworfen. Ob das allgemein auch auf die Ebenbürtigkeitsgrundsätze der regierenden Familien zu beziehen ist³), mag zweifelhaft sein, jedenfalls wo die Ebenbürtigkeit als Erfordernis der Thronfolgefähigkeit eine Aufnahme in die Verfassung gefunden hat⁴), ist eine Aenderung der Ebenbürtigkeitsgrundsätze durch die Hausgesetzgebung der fürstlichen Familie oder eine Abweichung von denselben durch Einwilligung der Agnaten in eine Ehe, welche an sich eine Missheirat sein würde, ohne Einfluss auf die Thronfolge. Verlangen Verfassungen für den Thronfolger die Abstammung aus einer ebenbürtigen Ehe, ohne sich darüber auszusprechen, welche Ehen ebenbürtig seien, so heisst dies offenbar, die Ebenbürtigkeit sei nach den in dem betreffenden Fürstenhause geltenden Grundsätzen zu beurteilen; jede Aenderung derselben und jede Abweichung von ihnen durch die Familie würde eine unzulässige Umgehung jenes verfassungsmässigen Erfordernisses bedeuten. Sie würden nur auf dem Wege der Verfassungs-

---

1) Die Thronfolge im Fürstentum Lippe, S. 10.
2) H. v. Schulze-Gaevernitz, Fürstenrecht in Holtzendorff's Encyclopädie, S. 1360 f.
3) G. Meyer, Lehrb. des deutschen Staatsrechts § 86 S. 212 f.; § 89 S. 221.
4) Bayrische Verfassung von 1818 Tit. II § 3; Württembergische Verf. v. 1819 § 6; Sächsische Verf. v. 1831 § 6; Hessische Verf. v. 1820 § 5; Braunschweigische L. O. von 1832 § 14; Staatsgrundgesetz von Coburg-Gotha v. 1852 § 6.

änderung erfolgen können ¹), soweit sie wenigstens einen Einfluss auf die Thronfolge haben sollen.

§ 22. Feststellung der Ebenbürtigkeitsfrage im Allgemeinen.

Auch in diesem Jahrhundert hat es an Streitigkeiten über Missheiraten in hochadligen Familien nicht gefehlt. Einige politisch bedeutsame Fälle riefen eine Flut von Schriften hervor und gaben einer grossen Anzahl von Rechtsgelehrten Anlass, ihre Meinung in dem alten Streit zu äussern, wobei sie sich allerdings nicht immer von rein juristischen Gesichtspunkten leiten liessen: die Frage nach der Standesmässigkeit der Ehe des Herzogs von Sussex mit Lady Augusta Murray, der gräflich Bentincksche Successionsstreit, die Ansprüche des Hauses Löwenstein-Wertheim auf eventuelle Succession in Bayern und neuerdings die Lippesche Thronfolgefrage. Meist kamen ausser der Ebenbürtigkeit noch andere streitige Punkte in Betracht; grade bei der Entscheidung politisch wichtiger Fälle werden naturgemäss neben den Rechtsgrundsätzen andere Rücksichten leicht ins Gewicht fallen und um so mehr ins Gewicht fallen können, als die Ebenbürtigkeitslehre so bestritten ist, dass man, welche Entscheidung man auch wählt, immer den Namen eines oder auch mehrerer bekannter Juristen wird für seine Meinung anführen können.

Herrscht Einigkeit darüber, dass die Ebenbürtigkeit einer Ehe in erster Linie nach den in der einzelnen Familie geltenden Hausgesetzen und der Hausobservanz zu beurteilen ist, so fragt es sich, was entscheidet in zweifelhaften Fällen, und vor allem, spricht die Vermutung dafür, dass Ehen der in Frage stehenden Art Missheiraten sind oder spricht sie dagegen, also für die volle Wirksamkeit und Standesmässigkeit solcher Ehen? Im ersteren Falle, bei Annahme einer Vermutung für strengere Ebenbürtigkeitsgrundsätze, stände also der Gegenbeweis offen, dass für die einzelne Familie kraft Hausgesetzes oder Observanz solche Ehen trotzdem als ebenbürtig anzusehen seien, während bei der entgegengesetzten Vermutung zu beweisen wäre, dass für die betreffende Familie solche Ehen Missheiraten seien. Bei der Schwierigkeit, welche ein solcher Gegenbeweis macht, weil in den meisten Häusern hausgesetzliche Bestimmungen fehlen und es also auf den Nachweis der Observanz für sie ankommen würde, ist die Frage

---

1) Seydel, Bayerisches Staatsrecht S. 393 f.

nach dem zu vermutenden, nach dem subsidiär geltenden Prinzip von ungeheurer Wichtigkeit.

§ 23. Die Ehen mit bürgerlichen Personen.

Es hat auch in diesem Jahrhundert nicht an Schriftstellern gefehlt, welche eine Vermutung dafür, dass eine Ehe einer hochadligen Person eine Missheirat sei, überhaupt nicht oder nur in ganz nebensächlichen Fällen anerkennen wollen. Sie wollen selbst Ehen zwischen hochadligen und bürgerlichen Personen im Allgemeinen als vollwirksam ansehen [1]). Insbesondere hat Zoepfl diese Ansicht verteidigt und behauptet, das Ebenbürtigkeitsprinzip bestehe nur darin, dass die hochadlige Familie Verbindungen ihrer Mitglieder mit Personen aus niederen Ständen für Missheiraten erklären könne; sei eine solche Erklärung nicht erfolgt, so wären nur Ehen mit unfreien, leibeignen Personen nach deutschen Rechtsgrundsätzen Missheiraten. Diese Ansicht hat wenig Beifall gefunden, obgleich Zoepfl sich eifrig bemüht hat, sie aus der Rechtsgeschichte zu begründen. Das Ebenbürtigkeitsprinzip des Herrenstandes hatte nicht den Sinn, welchen Zoepfl ihm unterschiebt, einer blossen Befugnis der hochadligen Familie, gewisse Ehen für Missheiraten zu erklären, sondern den, dass Ehen mit Personen niederer Stände Missheiraten kraft Rechtssatzes waren auch ohne besondere Erklärung. Die überwiegende Mehrzahl der juristischen Schriftsteller und ebenso das Reichsgericht in einem Urteil vom 7. Mai 1889 (Entscheidungen in Civilsachen II 145 ff.)[2]) haben sich denn auch dahin ausgesprochen, dass die Ehen hochadliger mit bürgerlichen Personen als Missheiraten anzusehen seien.

§ 24. Die Ehen mit Personen von niederem Adel.

Weit bestrittener ist die Frage, ob nach gemeinem deutschen Herkommen auch Ehen zwischen Personen von hohem und niederem Adel Missheiraten seien. Eine grössere Zahl von Rechtsgelehrten[3]) haben sich nach Vorgang von J. J. Moser für die Verneinung entschieden. Auch das Reichsgericht hat sich in

---

1) Zoepfl, Ueber Missheiraten in den regierenden Fürstenhäusern; Staatsrecht Bd. I § 220 ff. Bluntschli, deutsches Privatrecht § 148, betrachtet nur die Ehen mit Personen aus dem Bauern- oder niederem Bürgerstand als Missheiraten.

2) Ebenso Urteil des Reichsgerichts vom 30. Juni/10. Juli 1890 bei Seuffert, Archiv Bd. 46 S. 261 ff.

3) Klüber, Oeffentliches Recht § 309 Anm. i; Gengler, deutsches Privatrecht § 134; Heffter, Beiträge S. 44, 69 etc., Sonderrechte S. 118.

einem Urteil vom 5. Dezember 1893 ¹) ihnen angeschlossen. Bei der Wichtigkeit einer solchen Entscheidung des obersten Gerichtshofes, zumal sie die Veranlassung zu der gestellten und hier zu lösenden Preisfrage gegeben hat, ist es nothwendig, auf dieselbe etwas näher einzugehen.

Der Kläger, Prinz Wilhelm von L.-W.-F., ist verheiratet mit einem Fräulein von F., einer Dame von niederem Adel, während seine Familie unbestritten dem hohen Adel angehört. Er klagt gegen das Haupt seiner Familie, den Fürsten Ernst von L.-W., auf Anerkennung der Standesmässigkeit seiner Ehe, sowie der Successionsfähigkeit der daraus hervorgehenden Kinder. Der Beklagte verweigert diese Anerkennung, weil die Gemahlin des Klägers nicht zum hohen Adel gehöre, wie nach L.-W.'schem Hausgesetz und gemeinem deutschen Fürstenrecht erforderlich sei, und beantragt widerklagend Verneinung der Standesmässigkeit. Das Landgericht hat der Klage stattgegeben; das Oberlandesgericht die Berufung verworfen. Das Reichsgericht beschäftigt sich zunächst mit den hausgesetzlichen Bestimmungen der Familie L.-W. über die Ebenbürtigkeit der Ehen. Solche waren enthalten in einer Primogeniturordnung vom 14. April 1767. Diese wurde dem Kaiser zur Bestätigung vorgelegt und der Kaiser versagte, wie er dieses zu jener Zeit in ähnlichen Fällen stets zu thun pflegte (oben S. 6), den Bestimmungen über die Ebenbürtigkeit ausdrücklich seine Bestätigung, um sich dieserhalb begebenden Falls die allerhöchste Cognition vorzubehalten²). Nun ist oben S. 19 und § 37 ausgeführt, wie sowohl Moser wie Pütter eine kaiserliche Bestätigung der Hausgesetze nicht für erforderlich hielten. Die Familie L.-W. konnte also trotz der Verweigerung der kaiserlichen Bestätigung gültige Bestimmungen über die Ebenbürtigkeit der Ehen ihrer Familienmitglieder treffen. Weil aber der Graf L.-W. damals einmal die kaiserliche Bestätigung seiner Primogeniturordnung nachsuchte, kann man allerdings nicht ohne weiteres annehmen, dass er auch die nicht bestätigten Teile derselben aufrecht erhalten wollte. Vielmehr wird man sich der Ansicht des Reichsgerichts anschliessen müssen, dass die Primogeniturordnung, falls nicht das Gegenteil aus ausdrücklichen Bestimmungen des Stifters³) ersichtlich ist, nur, soweit sie vom Kaiser bestätigt war, rechtsverbindlich sein sollte.

---

1) Entsch. in Civilsachen Bd. 32 N. 38.
2) Pütter, Missheiraten S. 307.
3) Oder der später in Betracht kommenden Familienmitglieder. Ein Beispiel

Wichtiger ist der zweite Teil der Entscheidung, dass nach gemeinem Fürstenrecht die Ehe des hochadligen Klägers mit der Dame von niederm Adel keine Missheirat sei. Das Reichsgericht stützt diese Annahme wesentlich auf drei Gründe:

1) Wären solche Ehen nach Ansicht der Zeitgenossen Missheiraten gewesen, so könnten unmöglich so viele namhafte, mit der Praxis vertraute Schriftsteller wie vorzüglich J. J. Moser ein Herkommen solches Inhalts verneinen. Oben S. 40 ist bereits erwähnt, dass selbst Moser zugiebt, die meisten und berufensten Schriftsteller seiner Zeit hielten die Ehe eines Fürsten mit einer Dame von altem niederen Adel für ein matrimonium juridice inaequale. Auch ist die Haltlosigkeit der eigenen Beweisführung Moser's ausführlich begründet.

2) Der Kaiser pflegte Bestimmungen in Hausgesetzen über die Unebenbürtigkeit solcher Ehen seine Zustimmung zu versagen. Oben S. 6 ff. und 42 ff. ist gezeigt, wie eng das kaiserliche Interesse mit dem des niedern Adels in dieser Beziehung verknüpft war. Nach der Wahlcapitulation von 1742 war dem Kaiser überdies die Standeserhöhung von Kindern aus notorischen Missheiraten nicht gestattet. Notorische Missheiraten aber waren sowohl nach Moser's wie nach Pütter's Ansicht neben den Ehen der reichsständischen mit bürgerlichen Personen auch die kraft Hausgesetzes unstandesmässigen Ehen. Hätte der Kaiser nun hausgesetzliche Bestimmungen, welche auch die Ehen mit Personen von niederm Adel für unstandesmässig erklärten, bestätigt, so hätte er selbst noch zur weiteren Beschränkung seines Rechtes der Standeserhöhung, welches noch eines der wenigen Ueberbleibsel der kaiserlichen Macht bildete, beigetragen. Ausserdem wurde, um auch das hier zu wiederholen, am kaiserlichen Hofe die Unterscheidung des Adels allein nach Titeln möglichst festgehalten. Ernannte der Kaiser jemanden zum Fürsten, so galt dieser nach jenem „cäsarinischen Standpunkt" [1]) als Mitglied des hohen Adels kraft kaiserlicher Machtvollkommenheit. Um so weniger konnte der Kaiser eine

---

hierfür bildet das Testament des Fürsten Victor Amadeus Adolf von Anhalt-Schaumburg von 1752. Auch den in diesem Testament enthaltenen Bestimmungen über ebenbürtige Ehen wurde die kaiserliche Bestätigung nicht zu Teil. Trotzdem bekräftigten die Söhne des Fürsten den ganzen Inhalt des Testaments durch einen Vertrag vom Jahre 1756. Pütter, Missheiraten S. 303 f.

1) Den Ausdruck wendet Heffter, Sonderrechte S. 7 f., an zur Bezeichnung des Gegensatzes des „reichsständisch-corporativen" Standpunktes, nach dem der hohe Adel mit dem reichsständischen Adel zusammen fällt.

Unebenbürtigkeit dieser Titularfürsten gegenüber dem reichsständischen hohen Adel anerkennen.

3) Die Reichsgerichte haben sich für die Standesmässigkeit solcher Ehen, selbst in Fällen, wo keine besonderen politischen Erwägungen im Spiel waren, entschieden. Mit dieser Bemerkung deutet das Reichsgericht auf die Möglichkeit einer Beeinflussung des Reichshofrats (über das in Betracht kommende Urteil des Reichskammergerichts, oben S. 41 f.) durch den Kaiser hin. Aber bei den einzelnen Streitigkeiten über die Ebenbürtigkeit der Ehen zwischen Mitgliedern des hohen und niederen Adels bedurfte es gar keiner besonderer politischer Gründe für den Kaiser, um seine Autorität zu Gunsten des niedern Adels geltend zu machen, es war allemal schon an und für sich ein Conflict, bei dem „das Lustre des kaiserlichen Hofes" in Betracht kam. Der Kaiser war in der Ebenbürtigkeitsfrage viel zu sehr Partei; als dass man aus seiner oder der Stellungnahme des Reichshofrats irgend welche Schlüsse ziehen dürfte.

Das Reichsgericht hat seine Ansicht nicht weiter begründet. Offenbar aber kann man auf zwei Wegen zu ihr gelangen. Einmal durch die Annahme, das Ebenbürtigkeitsprinzip habe von jeher nur auf die Verbindungen von hochadligen mit bürgerlichen Personen Anwendung gefunden. Oder man geht davon aus, die Ehen zwischen Personen von hohem und niederm Adel seien zwar früher Missheiraten gewesen seien, aber nach neuem Herkommen als vollwirksam anzusehen. Die erste Annahme hat wenig Vertreter[1]) gefunden. Fand das Ebenbürtigkeitsprinzip im Mittelalter Anwendung auf die Ehen des Herrenstandes, so musste es damals auch lauten, dass Ehen mit Untergenossen überhaupt Missheiraten seien. Die damalige Stellung des niederen Adels lässt eine Ausnahme zu Gunsten desselben nicht vermuten[2]). Die Schriftsteller, welche die Ehen zwischen hochadligen Personen und solchen von niederem Adel für vollwirksam ansehen, vertreten die zweite Annahme und behaupten wie schon Moser eine spätere Aenderung des Ebenbürtigkeitsprinzipes zu Gunsten des niederen Adels[3]).

---

1) Eine ganz besondere Stellung nimmt Klüber, Abhandlungen I 225 f. und Oeffentliches Recht § 303 ein. Nach ihm waren nach mittelalterlichem Recht alle Freien einander ebenbürtig. Erst durch die Wahlcapitulation von 1742 und den Reichsschluss von 1747 seien die Verbindungen des hohen Adels mit Bürgerlichen Missheiraten geworden. Dieser Rechtszustand sei durch Art. 14 der B. A. bestätigt und den Standesherrn zugesichert.

2) Oben S. 30 f.

3) Heffter, Beiträge S. 43 f.; Sonderrechte S. 116 ff.; Gengler, deutsches Privatrecht § 134.

Aber das ist die Klippe, an welcher schon der alte Moser scheiterte. Wie soll sich in Abweichung von dem alten Prinzip gegenüber dem offenbaren Widerstreben in vielen hochadligen Häusern ein neues Herkommen gebildet haben, kraft dessen in allen Häusern Ehen mit dem niederen Adel im Zweifel standesmässig sein sollen? Die hochadligen Familien mit ihrer Autonomie stehen sich ähnlich wie die einzelnen deutschen Staaten gegenüber. Wenn nun einige Rechtsgrundsätze im Mittelalter in ganz Deutschland Geltung hatten, aber später in vielen Staaten dem römischen Recht oder der modernen Rechtsanschauung zum Opfer fielen, soll man dann sagen, dass auch in den andern Staaten, in welchem man jene Grundsätze festhielt, die Vermutung gegen dieselbe spräche? Das wäre ein Rückfall in die schlimmsten Zeiten romanisirender Jurisprudenz! Aber darauf kommt die Ansicht von Heffter, den man sicher als Hauptvertreter der Meinung, dass Ehen zwischen Personen von hohem und niederm Adel keine Missheiraten seien, bezeichnen kann, offenbar heraus. Er führt aus [1], dass mit den veränderten Anschauungen an die Stelle des Ebenbürtigkeitsprinzipes „das Postulat standesmässiger Verbindungen" getreten sei; darnach seien Ehen hochadliger Personen mit bürgerlichen allerdings Missheiraten, nicht aber die Ehen derselben mit Personen von niederem Adel; auf die letzteren müsse daher im Zweifel der allgemeine, sich von selbst verstehende Grundsatz zur Anwendung kommen, dass Ehen ohne entgegenstehendes Verbotsgesetz alle Wirkungen einer rechtmässigen ehelichen Verbindung hätten [2]. Aber der Wechsel der Worte Ebenbürtigkeit und Standesmässigkeit hilft über die oben bezeichnete Klippe auch nicht hinweg und viele hochadlige Familien hielten doch die Ebenbürtigkeitsgrundsätze fest und Ehen mit gewöhnlichen Adligen weder für ebenbürtig noch für standesmässig. Wenn nun jetzt ein Prinz aus einem altfürstlichen Hause, welches stets die strengsten Grundsätze bezüglich der Vermählungen seiner Mitglieder festhielt, sich mit einer Dame von niederem Adel vermählte und auf Anerkennung der Standesmässigkeit dieser Ehe klagte, so würde nach Heffter die Vermutung für dieselbe sprechen. Da hausgesetzliche Bestimmungen selten vorhanden sind, bliebe den Agnaten nur der schwierige Nachweis offen, dass nach dem besondern Familienherkommen Ehen mit Damen von niederem Adel als Missheiraten anzusehen seien. Dazu würde nicht genügen,

---

[1] Sonderrechte S. 112 ff.
[2] Beiträge S. 44 f.

dass die Glieder jener Familie sich immer nur mit Mitgliedern anderer hochadliger Familien vermählt hätten, sondern es würde noch des Nachweises bedürfen, dass dieser Enthaltung von Ehen mit Personen von niederem Adel eine opinio necessitatis, eine Rechtsüberzeugung innerhalb der Familie zu Grunde gelegen habe. Damit würden die Ebenbürtigkeitsgrundsätze in jenen alten Häusern überhaupt in Frage gestellt werden. Und weshalb? Weil sich in anderen hochadligen Häusern ein neueres Herkommen zu Gunsten der Ehen mit dem niederen Adel gebildet hat. Hier kann man nur einwenden, was schon Pütter immer wieder betonte: wie konnte das, was in einzelnen Familien geschah, den andern zum Präjudiz gereichen[1]? Sieht man in manchen hochadligen Häusern abweichend vom Ebenbürtigkeitsprinzip auch Ehen mit dem niedern Adel als ebenbürtig an, so ist vielmehr dieser abweichende Grundsatz zu beweisen.

Die Stellung, welche das Reichsgericht zu Gunsten der Ebenbürtigkeit der Verbindungen von Personen von hohem und niederem Adel in dem oben S. 59 angeführten Erkenntniss einnimmt, ist um so auffallender, als in der neueren Litteratur die Meinung immer mehr die Oberhand gewonnen hat, dass das Ebenbürtigkeitsprinzip im strengsten Sinn auch heute noch Geltung habe und im Zweifel also nur Ehen hochadliger Personen unter einander als standesgemäss zu behandeln seien[2]). In dem litterarischen Streit, der sich neuerdings über die Thronfolge im Fürstentum Lippe erhoben hat, hat die Ansicht, dass die Ehe eines Herrn von hohem Adel mit einer Dame von niederem Adel, falls die Familiengrundsätze nicht ausdrücklich dagegen seien, stets als ebenbürtig gelten müsse, kaum einen Vertreter gefunden. Eine andere Ansicht dagegen ist in den Vordergrund des Interesses getreten, nämlich diejenige, welche zwischen den altfürstlichen Familien einerseits und den gräflichen und den ihnen gleichstehenden neufürstlichen Familien andrerseits unterscheidet. Für die altfürstlichen Familien soll darnach das strenge Ebenbürtig-

---

1) Oben S. 31 ff.
2) Eichhorn, deutsches Privatrecht § 292; Kohler, Handbuch des deutschen Privatfürstenrechts § 42; Göhrum, gesch. Darstellung der Lehre von der Ebenbürtigkeit II § 112; Zachariae, deutsches St. R. I § 68 II; Beseler, deutsches Privatrecht § 171; v. Gerber, deutsches Privatrecht (17. Aufl. v. Cosack) § 265; Gierke, deutsches Privatrecht § 47; Stobbe, deutsches Privatrecht IV § 213; Schulze, deutsches Staatsrecht I § 90; Meyer, deutsches Staatsrecht § 89; Bornhak, im Arch. für öffentl. Recht V 382 f.; Laband, die Thronfolge im Fürstentum Lippe S. 4 ff. und andere.

keitsprinzip im vollsten Umfang fortbestehen, für die gräflichen und neufürstlichen dagegen sich der Grundsatz gebildet haben, dass Ehen mit Personen vom niedern Adel im Allgemeinen keine Missheiraten seien. Es ist schon oben S. 32 f. erwähnt, dass auch Pütter in seiner Lehre von den Missheiraten einen Unterschied zwischen den altfürstlichen und den andern hochadligen Familien macht, aber nur in dem Sinn, dass er nachweist, nicht in einer einzigen altfürstlichen Familie habe sich ein Herkommen zu Gunsten der Ehen mit Personen von niederem Adel gebildet. Dagegen giebt er zu, dass dieses in manchen gräflichen Häusern der Fall sei, aber er betont, dass die Vermutung auch beim Grafenstand gegen die Standesmässigkeit der Ehen mit Personen von niederem Adel spräche. Vor allem hat dann Eichhorn[1]) den Unterschied zwischen den fürstlichen und gräflichen Häusern in der Behandlung der Ebenbürtigkeitsgrundsätze hervorgehoben und nachgewiesen, wie sich die letzteren besonders von dem reichsritterschaftlichen Adel nie scharf getrennt hätten. Aber ganz consequent ist die Ansicht, dass bei den neufürstlichen und gräflichen Häusern die Vermutung für die Standesmässigkeit der Ehen ihrer Mitglieder mit Personen von niederem Adel spräche, erst in neuerer Zeit aufgestellt[2]); in diesem Sinne soll auch ein Gutachten der Göttinger Juristenfacultät vom Mai 1869 und ein solches der Erlanger Facultät vom März 1872 ergangen sein[3]). Der Unterschied zwischen alt- und neufürstlichen Familien war zur Zeit des alten Reiches offenbar bedeutend[4]); vor allem suchten die ersteren sich gewisse Vorzüge vor den letzteren zu wahren und hatten als „correspondirende altweltfürstliche Häuser"[5]) ihre besonderen Versammlungen, auf welchen auch gerade die Ebenbürtigkeitsfrage verhandelt wurde[6]). Darf man diesen Unterschied auch nicht mit Laband[7]) einfach in die Rumpelkammer des alten Reiches werfen, so lässt sich doch eine völlig prinzipielle Ver-

---

1) Privatrecht § 292; Ueber die Ehe des Herzogs von Sussex S. 129. Von den oben S. 63 Anm. 2 angeführten Schriftstellern haben sich ihm angeschlossen: Zachariae; Stobbe; Schulze a. a. O. und Art. „Ebenbürtigkeit" im Staats-Wörterbuch von Bluntschli und Brater; Bornhak; ferner Dieck, Art. Missheirat in Weiske's Rechtslexicon (nur bezüglich der gräflichen Familien).
2) unten S. 65.
3) In einem Prozess der Gräfin von Haslingen geb. Gräfin zu Lippe-Weissenfeld gegen den Fürsten und die Landstände von Lippe wegen Dotalgelder.
4) Darüber ausführlich Klüber, Abhandlungen I 155 ff.
5) J. J. Moser, Von den t. Reichsständen S. 707 f.
6) So 1741 zu Offenbach. Pütter, Missheiraten S. 276.
7) Die Thronfolge im Fürstentum Lippe. S. 10.

schiedenheit der Ebenbürtigkeitsgrundsätze zwischen ihnen nicht behaupten. Dagegen spricht schon, dass sich unter der grossen Zahl von Schriftstellern, die im vorigen Jahrhundert die Ebenbürtigkeitsfrage erörterten, keiner findet, der einen wesentlichen Unterschied in der Behandlung der Missheiraten bei den alt- und neufürstlichen reichsständischen Häusern anerkannt hätte[1]). Die alten Reichsgrafen, von denen auch die späteren neufürstlichen Familien in der Hauptsache abstammen, gehörten mit den alten Fürsten stets zu demselben Stand, dem Herrenstand. Das Ebenbürtigkeitsprinzip musste für sie in gleicher Weise Anwendung finden, indem es den Herrenstand von allen andern abschloss. Nun ist zuzugeben, dass diese Abschliessung bei manchen reichsgräflichen Familien gegenüber dem niederen oder auch nur dem reichsritterschaftlichen Adel nicht erfolgte. Ebenso mag sich in manchen gräflichen Familien in der Folgezeit ein abweichendes Herkommen zu Gunsten des niederen Adels gebildet haben. Soll man sich aber deshalb dafür entscheiden, dass im Zweifel die Ehen mit Personen von niederem Adel in allen gräflichen und neufürstlichen Häusern standesgemäss seien? Zu welchen unbilligen Resultaten das für die Familien führen würde, welche an strengeren Grundsätzen festhielten, ist schon oben erwähnt. Nimmt man dagegen das strenge Ebenbürtigkeitsprinzip als subsidiäres Recht an, so wird ein davon abweichendes Familienherkommen zu Gunsten des niederen Adels sich viel leichter erweisen lassen, einfach dadurch, dass in der Familie Ehen mit Personen von niederem Adel vorgekommen und ohne besondere Gründe als standesmässig behandelt sind[2]). Während gegenüber der umgekehrten Annahme die Thatsache, dass in der Familie

---

1) So Klüber, Abhandlungen I 179 noch im Jahr 1830: „So gross auch die Verschiedenheiten der Meinungen über den Begriff und das Wesen der Missheirathen .... waren oder noch sind, so wird doch meines Wissens nie eine derselben auf den Unterschied zwischen alten und neuen Fürsten gegründet". Allerdings gab es aber schon im vorigen Jahrhundert Schriftsteller, welche zwischen dem Grafen- und Fürstenstand einen solchen Unterschied bezüglich der Missheiraten behaupteten, z. B. Strube, Nebenstunden und rechtliche Bedenken, vgl. Pütter, Missheiraten S. 535.

2) Wenn also jene oben S. 64 erwähnten Gutachten der Göttinger und Erlanger Facultät sich dahin aussprechen, Beklagtem sei der Beweis nachzulassen, dass nach der Lippe'schen Hausobservanz die Ehen mit Personen von niederem Adel keine ebenbürtigen seien (Bornhak, die Thronfolge im Fürstentum Lippe S. 14), so hätte nach der hier vertretenen Ansicht umgekehrt die Klägerin, die Gräfin von Haslingen, beweisen müssen, dass solche Ehen nach der L.'schen Hausobservanz ebenbürtig seien.

nur Ehen mit hochadligen Personen geschlossen sind, zur Begründung eines abweichenden Herkommens nicht genügen kann. Auch unter den neufürstlichen und gräflichen Familien ist keineswegs allgemein die Standesmässigkeit der Ehen mit Personen von niederem Adel anerkannt. Auch bei ihnen war immer eine entgegengesetzte Strömung vorhanden. Und manche dieser Familien sind zwar auch von den strengsten Ebenbürtigkeitsgrundsätzen abgewichen, aber keineswegs so weit, dass der gesammte niedere Adel als ebenbürtig angesehen wird, sondern nur zu Gunsten des titulierten niederen Adels, also der Familien, welche wenigstens den Grafen- oder Freiherrntitel führen[1]. Ist es nun nicht den Thatsachen weit mehr entsprechend, wenn man alle diese Verschiedenheiten als Abweichungen von dem strengen Ebenbürtigkeitsprinzip ansieht? Legt man dieses zu Grunde und untersucht dann, ob und wieweit ein milderes Familienherkommen vorhanden ist, so wird man zu gerechteren und billigeren Resultaten gelangen, als wenn man die Ehen zwischen Mitgliedern des neufürstlichen und gräflichen hohen Adels und Personen von niederem Adel im Zweifel als vollwirksam ansieht.

Eine andere nicht so weit gehende Ansicht behauptet[2] die Standesmässigkeit der Ehen mit dem niederen Adel nur für die neufürstlichen und neugräflichen Familien, welche erst später zur Reichsstandschaft gelangten. Es mag sein, dass diese sich von ihren früheren Standesgenossen noch weniger unterschieden und die strengen Grundsätze vielleicht nie beobachteten. Aber so allgemein dürfte das auch bei ihnen nicht der Fall sein. Ein Grund für sie eine allgemeine Ausnahme anzuerkennen, liegt kaum vor[3]. Hat die einzelne Familie den niederen Adel als ebenbürtig angesehen, so wird sich das leicht ergeben.

§ 25. Begriff des Ebenbürtigkeitsprinzips im heutigen Recht.

Als Folgerung aus der vorstehenden Untersuchung möchte ich folgendes noch einmal zusammenfassen. Das Ebenbürtigkeits-

---

[1] Für das neufürstliche Haus Lippe behauptet ein solches Herkommen zu Gunsten des titulierten niedern Adels, Bornhak im Archiv f. öff. Recht V 896 f. Dagegen aber Laband, der Streit über die Thronfolge im Fürstentum Lippe (1896).

[2] So Kahl in der Allgemeinen Zeitung vom 18. Aug. 1892 N. 229: die Thronfolge im Fürstentum Lippe.

[3] Eine solche würde vor allem auch dem Begriff des Ebenbürtigkeitsprinzips, wie es im folgenden Paragraphen zusammengefasst ist, widersprechen.

prinzip für die Ehen in den hochadligen Familien besteht auch heute noch im vollsten Umfang und lautet: Nur die Ehen, welche die Mitglieder hochadliger Häuser unter einander eingehen, sind standesgemäss und vollwirksam. Jedes Mitglied einer regierenden oder standesherrlichen Familie ist den Mitgliedern aller anderen hochadligen Familien ebenbürtig, dagegen „besser geboren" als alle nicht Hochadligen, die ihm folglich nicht ebenbürtig sind. Insofern hat sich der mittelalterliche Grundsatz im Fürstenrecht wenigstens in seiner Wirkung auf die Ehen unverändert erhalten. Aber in einer anderen Beziehung ist allerdings eine grosse Aenderung mit dem Ebenbürtigkeitsprinzip vor sich gegangen. Im Mittelalter war es zwingendes Recht; jeder konnte den Unebenbürtigen an seiner Geburt bescheiten; der ganze Stand hatte ein Recht darauf, dass keine Ungenossen in ihn eindrangen; nur der Kaiser hatte die Macht, durch Standeserhöhung die Geburtsstandesunterschiede zu überbrücken. Heute dagegen enthält das Ebenbürtigkeitsprinzip dispositives, subsidiäres Recht; die Familie kann andere Bestimmungen für die Ehen ihrer Mitglieder treffen. Die allgemeine Rechtsanschauung, nach welcher es ehedem eine notwendige Folge des Geburtsstandesunterschiedes war, dass nur Ehen mit Standesgenossen ebenbürtig und vollwirksam seien, hat sich geändert. Das Ebenbürtigkeitsprinzip ist zu einem Privileg der hochadligen Familie geworden, durch welches sie sich gegen das Eindringen fremder Elemente schützen kann. Die Familie kann allgemein kraft Hausgesetzes oder Observanz auch Ehen mit Mitgliedern anderer Stände als ebenbürtig ansehen; sie kann im einzelnen Fall die Folgen einer Missheirat heilen[1]). Indem sie aber darüber entscheidet, ob die Ehe eines ihrer Mitglieder vollwirksam sei, entscheidet sie auch zugleich darüber, ob der andere Ehegatte, ob die Descendenten aus dieser Ehe nicht nur zu ihr, sondern auch ob sie zum hohen Adel gehören sollen. Denn wenn die Ehe eines hochadligen Herrn in seiner Familie als standesmässig gilt, dann müssen auch alle andern hochadligen Familien sie als vollwirksam anerkennen und die Gattin und Kinder als Standesgenossen betrachten. — So ragt das strenge Ebenbürtigkeitsprinzip in seiner mittelalterlichen Gestalt in unsere Zeit hinein; aber es wird gemildert und den modernen Bedürfnissen angepasst durch die Bestimmungen der einzelnen Familie. In erster Linie entscheiden die letzteren und insofern kann man

---

1) Ueber die Einschränkung, die diese Sätze für einzelne regierende Familien erleiden, oben S. 56.

dem Satz beistimmen: „Die Ebenbürtigkeitsfrage ist spezielle Hausangelegenheit jedes Fürstenhauses" [1]).

Von dem strengen Ebenbürtigkeitsprinzip aus kommt man folgerichtig zu der Ansicht, dass Ehen der Mitglieder des deutschen hohen Adels mit auswärtigen Adligen auch nur dann ebenbürtig sind, wenn die Familien der letzteren gleichfalls eine gewisse herrschende Stellung einnehmen [2]). Auch hier kann die Familie mildere Grundsätze aufstellen.

§ 26. Hausgesetzliche Bestimmungen und Hausobservanz.

Wenn man sieht, wie die Grundsätze über die Missheiraten in der Litteratur sowohl wie in der Rechtssprechung starken Schwankungen unterworfen waren, mag es seltsam scheinen, dass nur so wenige hochadlige Familien genaue hausgesetzliche Bestimmungen darüber getroffen haben, welche Ehen ihrer Angehörigen ebenbürtig seien. Selbst unter den souveränen Fürstenhäusern, in welchen die Ebenbürtigkeitsfrage wegen ihres Zusammenhangs mit der Thronfolge von besonderer Wichtigkeit ist, finden sich Festsetzungen derart nur in den Hausgesetzen von Sachsen-Koburg-Gotha [3]), Waldeck [4]) und Oldenburg [5]). Von den übrigen souveränen Fürstenhäusern sollen [6]) die altfürstlichen Häuser Preussen, Bayern, Sachsen, Braunschweig, Württemberg, Hessen, Baden, Mecklenburg und Anhalt auch stets am strengen Ebenbürtigkeitsprinzip festgehalten haben; ebenso dürfte das für das neufürstliche Haus Schwarzburg feststehen [7]), während es in den Häusern Reuss [8]) und Lippe mindestens als zweifelhaft ange-

---

1) H. v. Schulze-Gaevernitz, „Fürstenrecht" in Holtzendorff's Encyclopädie S. 1366.

2) Neben den jetzt regierenden gelten auch die ehemals regierenden auswärtigen Dynastien für ebenbürtig. H. Schulze, deutsches Staatsrecht I 221 f. Ueber die Ebenbürtigkeit auswärtiger Unterthanenfamilien: Eichhorn, Ueber die Ehe des Herzogs von Sussex, S. 149 ff.

3) Hausgesetz vom 1. März 1855. Art. 94. Schulze, Hausgesetze III 260. Da Ehen mit Personen aus fürstlichen oder gut gräflichen Häusern gefordert werden, sind auch hier Zweifel möglich. Diese soll ein Familienrat entscheiden.

4) Hausgesetz vom 22. April 1857 § 7. Schulze das. III 426.

5) Hausgesetz vom 1. Sept. 1872; Schulze, II 454. Ebenso auch noch im Hannoverschen Hausgesetz von 1836. Schulze, I 498.

6) Schulze, deutsches Staatsrecht I 222.

7) Schulze, Hausgesetze III 338.

8) Ueber die Observanz: Heffter, Sonderrechte S. 290 ff.

sehen werden muss. Auch in den mediatisierten hochadligen Häusern wird meist die Observanz den Ausschlag geben und sich nicht immer leicht feststellen lassen. Sieht man aber, dass in der Familie mehrfach Ehen mit Personen von niederem Adel vorgekommen sind, ohne dass die Standesmässigkeit angefochten wäre, sind besonders Descendenten aus solchen Ehen als Familienmitglieder anerkannt, so wird man den Beweis eines Herkommens zu Gunsten des niederen Adels als erbracht ansehen müssen. Dagegen wird man einen Fall, in welchem ausdrücklich der Consens sämtlicher Agnaten eingeholt wurde, um einer Ehe volle Wirkung zu verleihen, hier nicht heranziehen dürfen; ebenso wenig wie man Ehen, deren Anfechtung von den Agnaten aus bestimmten, im einzelnen Fall vorliegenden Gründen unterlassen wurde, zur Ableitung eines Herkommens verwenden darf.

Gelten nun aber in einer Familie noch so laxe Ebenbürtigkeitsgrundsätze, so werden die Mitglieder derselben doch von den andern hochadligen Familien als Standesgenossen angesehen werden müssen. Die Familie entscheidet über die Zugehörigkeit zu ihr und damit über die Zugehörigkeit zum hohen Adel. Damit hängt der weitere Satz zusammen, dass für die ebenbürtigen Kinder die Grundsätze, welche in dem Hause ihrer Mutter gelten, nicht in Frage kommen. Das hiesse die ganze Ebenbürtigkeitslehre auf den Kopf stellen, wenn man mit Zoepfl[1]) solchen Agnaten das Recht, eine Ehe anzufechten, absprechen wollte, welche selbst aus Ehen gleicher Art, von Ahnfrauen desselben Ranges oder Standes oder gar eines tieferen Ranges und Standes abstammen als die Kinder, deren Standesgleichheit bestritten werden soll. Dann könnte überhaupt kein deutsches Fürstenhaus strenge Grundsätze festhalten, da wohl keines vorhanden ist, dessen jetzt lebende Mitglieder aus Ehen, vielleicht mit einer anhaltinischen Prinzessin, welche die Anna Luise Fösen, oder einer russischen Prinzessin, welche Katharina, die Gemahlin Peters I, das „Mädchen von Marienburg", oder Prinzessinnen, welche ähnliche Damen von niederem Stande zu ihren Ahnfrauen zählen, herstammen[2]).

Dem Satz, dass eine adlige Familie sich um die Grundsätze, nach welchem die Ebenbürtigkeitsfrage in einer andern hochad-

---

1) Ueber Missheiraten S. 109; deutsches Staatsrecht I § 226 S. 634.

2) Falls nicht gar in ihrer eigenen Familie einmal eine solche Missheirat volle Wirkungen gehabt haben sollte: gehört doch Eleonore d'Olbreuse, eine Französin von niederm Adel, zu den Stammmüttern der Häuser England, Hannover und Preussen.

ligen Familie entschieden wird, nicht zu kümmern habe, widerspricht offenbar die oben S. 55 erwähnte Bestimmung des Oldenburgischen Hausgesetzes, dass Ehen mit Mitgliedern mediatisierter Familien nur dann als ebenbürtig angesehen werden sollen, wenn die mediatisierte Familie selbst strenge Ebenbürtigkeitsgrundsätze festhält. Diese Forderung mag allerdings, wie H. Schulze[1]) sagt, „ein significanter Ausdruck des Rechtsbewusstseins der hochadligen Familie in seiner neuesten Gestalt" sein; wenigstens wird sie im Verhältnis der souveränen Fürstenhäuser zu den standesherrlichen Familien immer mehr von Bedeutung werden. Der thatsächliche Unterschied zwischen den regierenden und den mediatisierten, vormals reichsständischen Familien, welchen die Bundesakte in den Bestimmungen ihres Art. 14 zu überbrücken suchte, ist zu gross, als dass er nicht auch in der Ebenbürtigkeitslehre sich bemerkbar machen würde. Die einen isolieren sich in ihrer Herrscherstellung, während die andern immer mehr in der allgemeinen Klasse der Staatsbürger und Unterthanen verschwinden[2]).

§ 27. Die Folgen der Missheiraten und ihre Heilung.

Die Folgen einer Missheirat werden in den meisten Fällen durch Vertrag besonders geregelt werden, so dass die Ehe sich als eine morganatische darstellt. Die Behauptung, dass nach dem Reichsgesetz vom 6. Febr. 1875 nur noch den Mitgliedern der landesherrlichen Familien und der Familie Hohenzollern das Recht zum Abschluss morganatischer Ehen zustände[3]), hat mit Recht keinen Beifall gefunden. Das Reichsgesetz regelt die Form der Eheschliessung; bei einer morganatischen Ehe ist nicht die Form der Eingehung das Wesentliche, sondern der die Wirkungen der Ehe regelnde Vertrag, der vor oder nach der Eingehung der Ehe geschlossen werden kann. Die Controverse, ob eine morganatische Eingehung nur bei Ehen, welche an sich Missheiraten sind, stattfinden könne, oder ob es auch zulässig sei, die Wirkungen einer

---

1) Hausgesetze II 386.
2) Siehe aber auch Motive zum Entwurf eines bürgerlichen Gesetzbuchs Bd. I S. 11—14 (abgedruckt in Gruchot's Beiträgen Beilage: Entw. eines Einführungsgesetzes zu art. 56 S. 61 Anm.): „Es liegt im öffentlichen Interesse, dass diesen Familien die Möglichkeit gewährt wird, die auf ihrer Ebenbürtigkeit beruhende Standesgenossenschaft mit den regierenden Häusern aufrecht zu erhalten".
3) Roth, deutsches Privatrecht II § 91 Anm. 4; dagegen Stobbe, Privatrecht IV § 214 Anm. 13.

an sich gleichen Ehe in dieser Weise zu beschränken und im Voraus zu bestimmen, ist schon oben S. 34 erwähnt. Die Mehrzahl der Schriftsteller¹) stimmt heute der ersteren Ansicht bei, welche auch Pütter vertrat. Obgleich die Zahl der in diesem Jahrhundert geschlossenen morganatischen Ehen in den hochadligen Familien nicht gering ist, dürfte sich doch kaum ein Beispiel finden für den morganatischen Abschluss einer an sich standesgemässen Ehe²). Ob zum Abschluss eines solchen morganatischen Vertrages die Mitwirkung der Familie erforderlich ist, wird sich in Ermangelung hausgesetzlicher Vorschriften nach dem Inhalt des Vertrages richten. Sollen darin der unstandesmässigen Gattin oder den Kindern Rechte bewilligt werden, welche an sich Ebenbürtigkeit voraussetzen, soll z. B. den letzteren ein eventuelles Successionsrecht vorbehalten bleiben, so wird die Zustimmung der Familienmitglieder dazu erforderlich sein³) und in den regierenden Häusern wird auch sie zur wirksamen Bewilligung eines solchen eventuellen Successionsrechts nicht genügen. Es bedürfte in den meisten Staaten dazu einer Verfassungsänderung⁴).

Sind die Folgen der Missheirat nicht in dieser Weise oder nur zum Teil so geregelt, so wird man davon auszugehen haben, dass einer Missheirat alle Wirkungen fehlen, welche durch Ebenbürtigkeit bedingt sind. Vor allem gehören die unebenbürtige Gemahlin sowie ihre Kinder nicht zur hochadligen Familie; sie teilen nicht den Rang und Stand des Gatten⁵) resp. Vaters, dürfen sich des fürstlichen Titels und Wappens nicht bedienen.

---

1) So Stobbe, Privatrecht IV § 214; v. Gerber, deutsches Privatrecht § 265 Anm. 17. — Dagegen Zoepfl, deutsches Staatsrecht II § 228; Brunner, Art. „Morganatische Ehe" in Holtzendorff's Rechtslexikon II 804 f.

2) Das bekannte Beispiel der morganatischen Ehe des Königs Friedrich Wilhelm III von Preussen mit der Gräfin Harrach im Jahre 1824 (Kraut, Grundriss § 42 n. 12) spricht für die Strenge der Ebenbürtigkeitsgrundsätze im preussischen Königshause. Die Grafen Harrach gehörten als Personalisten nicht zum hohen Adel (oben S. 50), wenn sie auch später von Oesterreich zu den Prädicaten des hohen Adels angemeldet wurden (oben S. 51).

3) Dass die nicht ebenbürtigen Kinder ausser, wo bei landesherrlichen Missheiraten die Verfassung im Wege stände, nach Abgang der Familienglieder eventuell successionsberechtigt seien, behauptet Stobbe, deutsches Privatrecht IV § 213.

4) Dies steht nicht im Widerspruch mit der Behauptung (oben S. 56), dass zur Heilung einer Missheirat in der landesherrlichen Familie im Allgemeinen die Zustimmung der Volksvertretung nicht erforderlich sei. Die Gewährung eines eventuellen Successionsrechts schliesst eine Aenderung der Erbfolgeordnung in sich, was bei einer Anerkennung nicht der Fall ist.

5) Entsch. des Reichsgerichts in Civilsachen vom 7. Mai 1880 Bd. II n. 39 S. 145 ff.

Die Frau hat nach dem Herkommen nur Anspruch auf ein geringeres Wittum als fürstliche Gemahlinnen [1]). Dass die Kinder den Stand ihrer Mutter teilten, also einfach der ärgeren Hand folgten, wird man nicht unbedingt behaupten können. Ist ihre Mutter eine bürgerliche, so geht das Herkommen doch dahin, dass man die Kinder wenigstens als zum niederen Adel gehörig ansehen muss [2]). Dagegen fehlt den unebenbürtigen Kindern das Successionsrecht in alle Güter, welche an die hochadlige Familie gebunden sind [3]), während sie an der Erbfolge in die freien Güter ihres Vaters sowie in das Vermögen ihrer Mutter und deren Blutsverwandten teilnehmen können. Auch haben die Kinder ein Recht auf standesgemässe Alimente. Dass diese Alimente unebenbürtiger Kinder das Stammgut belasteten, also von jedem Regierungsnachfolger als solchem zu zahlen seien, behauptet Heffter [4]) auf Grund eines allgemeinen fürstlichen Herkommens. Die Consequenz daraus, dass die unebenbürtigen Kinder mit dem Fürstenhause als solchem nichts zu thun haben und demgemäss nur nach dem allgemeinen bürgerlichen Recht einen Alimentenanspruch gegen ihre Ascendenten würden geltend machen können, spricht gegen die Belastung des Stammgutes.

Für das Familienmitglied selbst, das eine Missheirat schliesst, hat die Missheirat an sich keine nachteilige Folgen; jedoch sind hausgesetzliche Bestimmungen, welche solche Familienmitglieder auch für ihre Person von der Succession in Familiengüter ausschliessen, als gültig anzusehen [5]).

Eine hochadlige Dame, welche eine Missheirat eingeht, verliert den Anspruch auf die sonst übliche Aussteuer [6]); ihre Kinder folgen dem Stand des Vaters, gehören auch nicht als Cognaten

---

1) Heffter in der Zeitschrift für deutsches Recht II H. 2 S. 17 ff.
2) Heffter, a. a. O. S. 21 ff.; Sonderrechte S. 128 § 66.
3) Eichhorn, deutsches Privatrecht § 292 S. 722.
4) Zeitschr. f. deutsches R. II Heft 2 S. 23 f. Doch schränkt auch Heffter seine Behauptung dahin ein, dass eine unzweifelhafte Verpflichtung der Nachfolger nur bei ungleichen Ehen solcher Familienglieder vorhanden sei, welche sich im Genuss des Familiengutes bereits befunden hätten, sonst nur für solche Nachfolger eine Verpflichtung bestehe, welche durch das Dasein nicht ebenbürtiger Descendenz zu einer frühern Succession gelangt seien. Soweit ergebe sich eine Pflicht aus Billigkeitsgrundsätzen.
5) Entsch. des Reichsgerichts in Civilsachen vom 19. April 1887 Bd. 18 n. 42 S. 196 ff.
6) Doch soll die hochadlige Dame nach heutigem Recht ihren Stand und Namen behalten; so Gierke, deutsches Privatrecht I § 47 S. 402.

zu der hochadligen Familie ihrer Mutter und haben daher auch keine eventuellen Successionsansprüche.

Nach Privatfürstenrecht kann auch heute eine nicht ebenbürtige Ehe durch Consens aller successionsberechtigten Agnaten[1]) in eine ebenbürtige verwandelt werden. Nur gilt hier jene bereits oben S. 56 f. erwähnte Ausnahme, dass in einigen deutschen Staaten, in welchen die Verfassung die Abstammung aus einer ebenbürtigen Ehe als Erfordernis der Thronfolgefähigkeit aufstellt, der Consens der Agnaten der fürstlichen Familie der Descendenz aus einer Missheirat nicht zur Thronfolge verhelfen und daher eine solche Ehe auch nicht zu einer vollwirksamen machen kann. In den andern Familien dagegen kann eine solche Anerkennung einer nicht ebenbürtigen Ehe entweder ausdrücklich oder durch concludente Handlungen der Agnaten geschehen[2]). Gerade die letzteren Fälle, in denen ohne die Einholung eines besonderen Consenses nicht ebenbürtige Ehen als vollwirksam behandelt werden, sind es, welche ein von dem strengen Ebenbürtigkeitsprinzip abweichendes Herkommen begründen. Auch bei ihnen wird man eine Anerkennung, einen Rechtsakt, durch welchen die Missheirat zu einer vollwirksamen Ehe wird, annehmen müssen. Es ist nicht zulässig, dass die Standesmässigkeit einer Ehe, die immer als vollwirksam behandelt ist, die Ebenbürtigkeit einer Gemahlin und ihrer Kinder, die bisher immer als ebenbürtig und zur hochadligen Familie gehörig angesehen sind, nach Jahrzehnten, wenn ein wichtiger Successionsfall in der Familie eintritt, angefochten wird. Denn keineswegs ist die Successionsfähigkeit allein, sondern überhaupt der Besitz der hochadligen Familienrechte durch die Abstammung aus einer ebenbürtigen Ehe bedingt[3]). Sind die letzteren einer an sich nicht ebenbürtigen Gemahlin und ihren Kindern einmal zugestanden, so wird man darin eine Heilung der Missheirat sehen müssen. Nur ist wohl zu beachten, dass auch eine solche Anerkennung durch concludente Thatsachen seitens aller Agnaten erfolgen muss; durch eine Anerkennung seitens einzelner können die Rechte der andern nicht geschmälert werden. In der blossen Unterlassung eines Protestes gegen das Führen des Familientitels und der Familienwappen seitens der uneben-

---

1) Und anderer Erbberechtigten, z. B. der Erbverbrüderten, bei Lehen auch des Lehnsherrn, soweit Rechte dieser Personen in Frage kommen.
2) H. Schulze, Aus der Praxis des Staats- und Privatrechts S. 237.
3) So ausdrücklich Entsch. des Reichsgerichts in Civilsachen vom 7. Mai 1880 Bd. II n. 39 S. 156.

bürtigen Gemahlin oder ihrer Kinder wird man eine Anerkennung noch nicht erblicken können[1]); wohl aber in der Erteilung dieses Titels an dieselben seitens der Agnaten, sodann in der Zuziehung der nicht ebenbürtigen Descendenten zu Familienberatungen, in der Zahlung einer Apanage an die unebenbürtigen Söhne[2]) u. s. w. immer aber mit der Einschränkung, dass Rechte Dritter durch Handlungen einzelner Agnaten nicht beeinträchtigt werden können.

§ 28. Schluss.

So haben wir uns im Anschluss an J. J. Moser und J. St. Pütter durch das Labyrinth der Ebenbürtigkeitslehre hindurchzuwinden gesucht. Den Ariadnefaden in diesem Labyrinth hat uns Pütter gesponnen; er hat die Grundsätze klar erkannt, von denen aus man allein eine rechte und gerechte Beurteilung dieser Materie gewinnen kann. Ob Pütter auch darin Recht hat, dass er vom politischen Gesichtspunkt und de lege ferenda das Ebenbürtigkeitsprinzip verteidigt, oder ob man sich denen anschliessen soll[3]), welche die Beseitigung dieser den modernen Rechtsanschauungen widersprechenden Grundsätze fordern, das war hier nicht zu untersuchen. So wie das Ebenbürtigkeitsprinzip heute noch dasteht, ist es ein grossartiges Zeichen für die Macht der hochadligen Familie. In ihrer Hand ist es eine schwere Waffe, die sie nach Belieben strenger oder milder handhaben kann, eine Schutzwehr gegen das Eindringen unliebsamer Elemente. Für die Familie ist es ein Vorrecht, für das einzelne Familienglied oft eine schwere Schranke. Die Familie soll blühen, der Einzelne soll seine Neigungen dem splendor familiae zum Opfer bringen. Noblesse oblige!

---

1) Bornhak, Archiv für öff. Recht V 899.

2) Weil die Zahlung der Apanage „ein Surrogat für die Succession in Land und Leute" ist. Schulze, Aus der Praxis S. 237. Dass aber im Fall Lippe die Zahlung einer Apanage an die gräflichen Linien nicht vorlag, weist Laband nach (die Thronfolge im Fürstentum Lippe S. 38 ff.).

3) z. B. H. Schulze, deutsches Staatsrecht I S. 226 § 96; Bluntschli, deutsches Privatrecht § 148 S. 416 f.

Alphabetisches Verzeichnis der benutzten Litteratur:

G. Beseler, System des gemeinen deutschen Privatrechts. 3. Aufl. 1873.
C. Bornhak, die Lippe'sche Successionsfrage im Archiv für öffentliches Recht. Bd. V. S. 382 ff. 1890.
C. Bornhak, die Thronfolge im Fürstentum Lippe. Berlin 1895.
H. Brunner, deutsche Rechtsgeschichte. Bd. I. 1887.
H. Brunner, Art. „Morganatische Ehe" in Holtzendorff's Rechtslexicon. 3. Aufl. 1880. Bd. II. S. 804 f.
F. Brockhaus, Art. „Ebenbürtigkeit" in Holtzendorff's Rechtslexicon. 3. Aufl. 1880. Bd. I. S. 591 ff.
D. Danz, Grundsätze des Reichsgerichtsprozesses. Stuttgart 1795.
K. Fr. Dieck, Art. „Missheurath" in Weiske's Rechtslexicon. 1847. Bd. VII. S. 215—223.
K. Fr. Eichhorn, deutsche Staats- und Rechtsgeschichte. 4. Ausg. Göttingen 1834—36.
K. Fr. Eichhorn, Einleitung in das deutsche Privatrecht. Göttingen 1836. 4. Aufl.
K. Fr. Eichhorn, Ueber die Ehe Sr. Königl. Hoheit des Herzogs von Sussex mit Lady Augusta Murray. Berlin 1835.
F. Frensdorff, Art. „Pütter" in A. D. B. Bd. 26. S. 719 ff.
F. Frensdorff, die ersten Jahrzehnte des staatsrechtlichen Studiums in Göttingen. Göttingen 1887.
C. F. v. Gerber, System des deutschen Privatrechts. 17. Aufl. von K. Cosack. Jena 1895.
O. Gierke, deutsches Privatrecht. Bd. I. Leipzig 1895.
Chr. G. Göbrum, Geschichtliche Darstellung der Lehre von der Ebenbürtigkeit nach gem. deutschen Recht. Tübingen 1846.
N. Th. Gönner, Von Missheiraten nach der Rheinischen Conföderation im Archiv für die Gesetzgebung und Reform des juristischen Studiums. Bd. I. H. 2. 1808
A. W. Heffter, Beiträge zum deutschen Staats- und Fürstenrecht. Bd. I. Berlin 1829.
A. W. Heffter, Die Versorgung der Wittwen und Kinder bei standeswidrigen Ehen des deutschen hohen Adels, in der Zeitschrift für deutsches Recht. 1839. Bd. II. H. 2.
A. W. Heffter, die Sonderrechte der souveränen und der mediatisierten vormals reichsständischen Häuser Deutschlands. Berlin 1871.
A. Heusler, Institutionen des deutschen Privatrechts. Bd. I. 1885.

J. L. Klüber, Oeffentliches Recht des teutschen Bundes und der Bundesstaaten. 4. Aufl. Frankfurt a. M. 1840.

J. L. Klüber, Abhandlungen und Beobachtungen für Geschichtkunde, Staats- und Rechtswissenschaften. Bd. I. Frankfurt a. M. 1830.

J. C. Kohler, Handbuch des deutschen Privatfürstenrechts. Sulzbach 1832.

W. Th. Kraut, Grundriss zu Vorlesungen über das deutsche Privatrecht. 6. Aufl. hg. von F. Frensdorff. 1886.

P. Laband, die Thronfolge im Fürstentum Lippe. Freiburg 1891.

P. Laband, der Streit über die Thronfolge im Fürstentum Lippe. Berlin 1896.

G. Meyer, Lehrbuch des deutschen Staatsrechts. 3. Aufl. 1891.

C. J. A. Mittermaier, Grundsätze des gemeinen deutschen Privatrechts. 5. Aufl. 1838.

R. v. Mohl, Geschichte und Litteratur der Staatswissenschaften. Bd. II. 1858.

R. v. Mohl, Staatsrecht, Völkerrecht und Politik. Tübingen 1860—69.

J. J. Moser, Teutsches Staatsrecht. Teil XIX. 1745.

J. J. Moser, Von den teutschen Reichsständen, der Reichsritterschaft, auch den übrigen unmittelbaren Reichsgliedern. 1767.

J. J. Moser, Familienstaatsrecht derer teutschen Reichsstände. 1775.

J. J. Moser, Von denen Kayserlichen Regierungs-Rechten und Pflichten. 1772, 1773.

J. J. Moser, Lebensgeschichte, von ihm selbst beschrieben. 3. Aufl. 1777.

L. Pernice, Observationes de principum comitumque imperii germanici inde ab 1800 mutata ratione. Halle 1827.

L. Pernice, Quaestiones juris publici germanici. Halle 1828—35.

J. St. Pütter, Institutiones juris publici germanici. Ed. IV. Göttingen 1787.

J. St. Pütter, Rechtsfälle. Bd. II und III. 1771—85.

J. St. Pütter, Primae lineae juris privati principum speciatim Germaniae. Ed. II. Göttingen 1779.

J. St. Pütter, Beyträge zum teutschen Staats- und Fürstenrechte. Göttingen 1777.

J. St. Pütter, Litteratur des teutschen Staatsrechts. 1776—83. Gött. 3 Bde.

J. St. Pütter, Ueber den Unterschied der Stände, besonders des hohen und niedern Adels in Teutschland. Göttingen 1795.

J. St. Pütter, Ueber Missheirathen teutscher Fürsten und Grafen. Göttingen 1796.

J. St. Pütter, Selbstbiographie. Göttingen 1798.

J. St. Pütter, Historische Entwicklung der heutigen Staatsverfassung des teutschen Reichs. 2. Ausg. 1788.

F. K. v. Savigny, Beitrag zur Rechtsgeschichte des Adels im neueren Europa. Berlin 1836.

R. Schröder, Zur Lehre von der Ebenbürtigkeit nach dem Sachsenspiegel in der Zeitschrift für Rechtsgeschichte. Bd. III. S. 461 ff. 1864.

H. Schulze, Die Hausgesetze der regierenden deutschen Fürstenhäuser. Jena 1862—83.

H. Schulze, Lehrbuch des deutschen Staatsrechts. Leipzig 1881.

H. Schulze, Aus der Praxis des Staats- und Privatrechts. Leipzig 1876.

H. Schulze, Thronfolge und Familienrecht der ältesten germanischen Königsgeschlechter, in der Zeitschrift für Rechtsgeschichte. Bd. VII. S. 323 ff. 1868.

H. Schulze, Art.: „Ebenbürtigkeit" im deutschen Staats-Wörterbuch von J. C. Bluntschli u. K. Brater. Bd. III. S. 187 ff. (1858).

H. v. Schulze-Gaevernitz, das deutsche Fürstenrecht in seiner geschichtlichen Entwicklung und gegenwärtigen Bedeutung in Holtzendorff's Encyclopädie. 5. Aufl. 1890. S. 1349 ff.

M. Seydel, Bayerisches Staatsrecht. Bd. I. München 1884.
O. Stobbe, Handbuch des deutschen Privatrechts. Bd. IV. 1. u. 2. Aufl. 1884.
H. A. Zachariae, Deutsches Staats- und Bundesrecht. 3. Aufl. Göttingen 1865.
H. Zoepfl, Grundsätze des allgemeinen und deutschen Staatsrechts. 5. Aufl. 1863.
H. Zoepfl, Ueber Missheiraten in den deutschen regierenden Fürstenhäusern überhaupt und in dem Oldenburgischen Gesamthause insbesondere. Stuttg. 1853.
H. Zoepfl, Ueber hohen Adel und Ebenbürtigkeit nach dem deutschen Reichsstaatsrecht und dem deutschen Bundesrecht überhaupt und mit Rücksicht auf den gräflich Bentinck'schen Rechtsstreit insbesondere. Stuttgart 1853.

 Meine Bemühungen, das Gutachten der Göttinger Juristenfacultät vom Mai 1869 in Sachen der Gräfin v. Haslingen, geb. Gräfin zur Lippe, gegen den Fürsten und die Landstände von Lippe wegen Dotalgelder, zu erhalten, waren leider vergeblich. Es befindet sich wie auch das in derselben Sache erstattete Gutachten der Erlanger Facultät vom März 1872 im Familienarchiv von Lippe-Weissenfeld. Von dort werden aber, zur Zeit wenigstens, keine Familienurkunden für private Arbeiten zur Verfügung gestellt.

Nachtrag.

J. C. Bluntschli, Deutsches Privatrecht. 2. Aufl. 1860.
W. Kahl, die Thronfolge im Fürstentum Lippe, in der „Allgemeinen Zeitung" Nr. 228—231 vom 17.—20. August 1892. München.
Chr. L. Runde, Grundsätze des gemeinen deutschen Privatrechts. 7. Aufl. Göttingen 1824.
P. v. Roth, System des deutschen Privatrechts. Tübingen 1880—86.